基于数字化智能制造绿色供应链管理研究

张流华 著

九州出版社
JIUZHOUPRESS

图书在版编目（CIP）数据

基于数字化智能制造绿色供应链管理研究 / 张流华
著. -- 北京：九州出版社，2024. 8. -- ISBN 978-7
-5225-3423-7

Ⅰ. F407.405

中国国家版本馆CIP数据核字第20248JA647号

基于数字化智能制造绿色供应链管理研究

作 者	张流华　著	
责任编辑	石增银	
出版发行	九州出版社	
地 址	北京市西城区阜外大街甲 35 号（100037）	
发行电话	(010)68992190/3/5/6	
网 址	www.jiuzhoupress.com	
印 刷	北京星阳艺彩印刷技术有限公司	
开 本	787 毫米×1092 毫米　　16 开	
印 张	15.5	
字 数	278 千字	
版 次	2024 年 11 月第 1 版	
印 次	2024 年 11 月第 1 次印刷	
书 号	ISBN 978-7-5225-3423-7	
定 价	78.00 元	

前　言

在当今数字化和智能化迅速发展的时代，制造业作为国民经济的重要支柱，正面临着前所未有的挑战和机遇。伴随着全球化和技术革命的浪潮，绿色供应链管理（GSCM）已成为企业可持续发展的关键。《基于数字化智能制造绿色供应链管理研究》旨在探讨如何在数字化智能制造业背景下，有效实施绿色供应链管理，以实现环境保护和企业效益的双重提升。

本书首先对数字化智能制造业的发展背景进行了深入分析，明确了绿色供应链管理在当前背景下的重要性和紧迫性。其次，详细讨论了数字化技术，如大数据、区块链、物联网和人工智能等在绿色供应链管理中的应用。这些技术的应用不仅提高了供应链的透明度和效率，还有助于更好地实现资源的优化配置和环境风险的有效管理。在探讨技术应用的同时，本书还重点分析了在数字化智能制造业背景下，企业如何构建和实施绿色供应链策略，包括如何评估和选择供应商、如何设计环境友好的产品，以及如何实施有效的回收和再利用策略等。此外，本书还考察了政策法规、市场动态和企业文化等外部和内部因素对绿色供应链管理的影响。

本书适用对象为科研机构、制造企业或其他部门从事信息化管理、企业管理、供应链管理、物流管理的广大理论研究者和实际工作者，也可为高等学校信息管理与信息系统管理、电子商务、供应链管理、企业管理、工商管理、物流管理、农业管理等管理专业提供理论参考。

目　　录

第一部分　智能制造

第一章　智能制造概述

第一节　智能制造的提出背景及意义

智能制造的提出及其建设意义构成了当前工业发展中的一个重要转折点。智能制造代表了制造业从传统的劳动密集型和技术密集型生产向信息化、智能化转型的趋势。这一转型不仅是技术革新的结果，也是应对全球经济、社会和环境挑战的必然选择。

一、智能制造的提出背景

智能制造的提出背景可以追溯到全球制造业的发展历程，特别是在面对日益激烈的国际竞争、消费需求的多样化和个性化以及生产效率和可持续发展的双重压力下，制造业的转型升级成为各国政府和企业的重要议题。

1. 全球化竞争的加剧

随着全球化的深入发展，各国制造业之间的竞争日趋激烈。企业不仅要面对本国市场的竞争对手，还要面对国际市场的竞争者。这种竞争促使企业不断寻求新的技术和管理方法，以提高生产效率、降低生产成本，并快速响应市场变化，智能制造因此成为应对全球化竞争压力的重要手段。

2. 消费需求的多样化和个性化

现代消费者对产品的需求越来越个性化，追求定制化的产品和服务。这就要求制造业能够灵活调整生产线，以较低的成本和较短的时间生产出满足个性化需求的产品。智能制造通过引入高度自动化和柔性化的生产系统，使企业能够高效地应对这一变化，满足市场的需求。

3. 技术革命和创新

信息技术和制造技术的快速发展，尤其是物联网、大数据、云计算、人工智能等新兴技术的应用，为制造业的变革提供了技术基础。这些技术的结合不仅能够实现生产过程的自动化和智能化，还能够通过数据分析和网络协同提高整个制造系统的效率和灵活性。

4. 可持续发展的需求

随着全球对环境保护和资源节约的日益重视，制造业面临着越来越多的环境法规和标准。智能制造能够通过优化生产过程、减少资源浪费和降低能耗，帮助企业实现绿色、环保的生产目标，符合可持续发展的要求。

5. 制造业升级的内在需求

传统制造业普遍存在生产效率低下、成本控制困难、产品质量不稳定等问题。智能制造通过集成先进的信息技术和制造技术，能够实现生产过程的优化和质量控制的自动化，提高制造业的核心竞争力，满足其转型升级的内在需求。

6. 政府政策的推动

许多国家的政府已经认识到智能制造在提升国家制造业竞争力、促进经济转型升级中的重要作用，并相继出台了一系列政策和措施推动智能制造的发展。这些政策不仅提供了资金支持，还包括标准制定、人才培养和国际合作等方面，为智能制造的推广和应用创造了有利的外部环境。

智能制造的提出背景是多方面的，涉及经济、技术、环境和政策等多个层面。在全球制造业竞争加剧、消费需求个性化、技术革命持续推进、可持续发展的需求日益增加，以及在政府政策支持的大背景下，智能制造成为全球制造业转型升级的重要方向。通过智能制造，企业可以在全球市场中保持竞争力，同时响应社会对环境保护和资源可持续利用的呼吁。

二、智能制造的意义

智能制造作为当代制造业转型升级的关键路径，其重要性体现在多个层面，包括经济、技术、社会等方面。它不仅关乎制造业本身的革新与进步，更是推动全球经济结构变革、促进产业生态优化、实现可持续发展目标的重要驱动力。

1. 提升制造业的效率与质量

智能制造通过高度的信息化和自动化技术，实现生产过程的优化管理。这包括生产计划的智能调度、原材料的精准使用、生产流程的自动化控制，以及产品质量的实时监控等方面。通过智能制造，企业可以大幅提高生产效率，降低资源消耗和成本，同时提升产品质量和一致性，满足更高标准的市场需求。

2. 增强企业的市场竞争力

在全球化的市场环境中，智能制造赋予企业更强的竞争力。通过引入智能化的生产技术和管理方法，企业能够更加快速地响应市场变化，灵活调整生产布局和产品设计，实现小批量、多样化、个性化的生产需求。这不仅可以帮助企业捕捉更多的市场机会，也能够更好地满足消费者的个性化需求。

3. 促进产业结构的优化升级

智能制造是推动传统制造业向高技术、高附加值方向转型升级的关键。它通过集成创新的技术手段，如物联网、大数据分析、云计算等，推动制造业与信息技术的深度融合，促进产业向智能化、服务化方向发展。这种转型不仅提升了制造业自身的技术水平和价值链地位，也为经济增长提供了新的动力源泉。

4. 实现可持续发展目标

智能制造对于实现经济发展的可持续性具有重要意义。它通过优化生产流程和提高资源利用效率，大幅减少能源消耗和环境污染，有助于构建绿色低碳的生产体系。同时，智能制造也促进了循环经济的发展，通过智能回收和再利用资源减少了对自然资源的依赖，有利于生态环境的保护和修复。

5. 推动人力资源结构的优化

随着智能制造的发展，对高技能人才的需求日益增加。这促使教育培训体系向着更加注重技能和创新能力的方向发展，推动了人力资源结构的优化升级。智能制造的推广应用，需要大量的软件开发、系统集成、智能控制等领域的专业人才。这不仅为劳动者提供了更多高质量的就业机会，也促进了社会整体技术水平和创新能力的提升。

6. 强化国际合作与交流

智能制造作为全球制造业发展的重要趋势，促进了国际间的技术合作与交流。

通过共同研发、标准制定、技术交流等方式，不同国家和地区的企业和研究机构可以共享智能制造的成果，共同推动制造业的创新和发展。这种国际合作不仅有助于解决全球性的技术难题，也促进了全球经济的一体化进程。

智能制造的意义深远，它不仅代表着制造业技术进步的方向，也是推动经济社会全面发展的重要力量。通过智能制造，可以实现生产效率和产品质量的双重提升，增强企业和国家的竞争力，促进产业结构的优化升级，实现可持续发展目标，并推动人力资源结构的优化以及国际合作与交流。智能制造的深远影响不仅局限于技术和经济领域，它还深刻影响着社会文化和全球治理架构。

第二节　智能制造技术体系

智能制造作为制造业转型升级的关键路径，代表了制造技术和产业发展的未来方向。它利用信息物理系统（Cyber-Physical Systems，CPS）、物联网（Internet of Things，IoT）、人工智能（AI 技术）、大数据分析等先进技术，旨在创建高度灵活、自适应、效率优化和人机协作的生产环境。智能制造技术体系是一个综合性的技术架构，包括但不限于以下几个核心内容。

第一，物联网（IoT）和信息物理系统（CPS）。IoT 技术允许制造设备、机器、仓库和整个生产线的互联互通，实现数据的实时采集、交换和分析。CPS 将物理过程（如制造过程）与计算机算法和网络技术紧密集成，实现实时监控和控制，以及系统间的高度协同。

第二，大数据与数据分析。智能制造中的大数据技术涉及收集、存储、处理和分析来自生产线、设备、产品和供应链的大量数据。通过高效的数据分析，企业能够洞察生产效率、产品质量、设备维护需求等关键信息，支持决策制定和优化生产流程。

第三，人工智能与机器学习。人工智能与机器学习算法在智能制造中发挥着至关重要的作用，它们能够分析复杂数据、预测趋势、指导决策，并实现生产过程中的自动化和优化。AI 技术还可应用于增强质量控制、设备故障预测、生产调度和供应链管理等方面。

第四，自动化与机器人技术。自动化技术与机器人技术在智能制造中用于执行各种复杂任务，从基本的物料搬运和组装到高度复杂的加工和检测。机器人技术的进步,特别是协作机器人(cobot)的发展,进一步推动了人机协作的生产方式。

第五,数字孪生技术与虚拟仿真技术。数字孪生技术创建了物理实体在虚拟空间中的精确数字副本,允许企业在不影响实际生产的情况下对生产流程、产品设计和系统性能进行测试和优化。虚拟仿真技术支持企业在虚拟环境中模拟和分析生产过程,从而提高设计效率和减少开发周期。

第六,云计算与边缘计算。云计算提供了强大的数据存储、处理和分析能力,支持智能制造中大量数据的高效管理。边缘计算则将数据处理任务靠近数据源(如生产设备),减少延迟,提高响应速度,适合实时监控和控制应用。

第七,网络安全。随着制造业的数字化和网络化程度不断提高,确保数据和系统的安全成了重中之重。智能制造中的网络安全措施包括加密技术、访问控制、数据完整性验证和入侵检测系统等,旨在防止数据泄露和系统被恶意攻击。

第八,增强现实(AR)与虚拟现实(VR)。AR与VR技术在智能制造中的应用包括产品设计、生产过程模拟、员工培训和维护指导等方面。通过AR和VR技术,企业能够提高操作精度,加速产品开发,提升员工技能。

第九,供应链管理与物流优化。智能制造技术通过提供实时数据分析和预测能力,帮助企业优化供应链管理和物流。这包括改善库存管理、减少供应链中断风险、优化运输路线和提高整体供应链的透明度和灵活性。

第十,产品定制化与服务导向。智能制造支持高度的产品定制化和服务导向生产模式,满足市场对个性化产品和服务的需求。通过灵活的生产系统和高度集成的客户反馈机制,企业能够快速响应市场变化,提供定制化解决方案。

第三节　智能制造与数字制造

智能制造与数字制造是当代制造业发展中的两个重要概念,它们在推动制造业向更高效率、更大灵活性和更强竞争力转型中发挥着关键作用。虽然这两个概念经常被提及,但它们之间存在明显的区别和紧密的联系。为了深入理解智能制造与数字制造的关系,本节将分别介绍它们的定义与特点、应用场景对比、区别和联系。

一、定义与特点

数字制造是指利用数字技术来支持整个制造过程，从设计、分析、生产到服务的每一个环节。它主要依靠计算机技术和软件工具来创建和模拟产品的设计和制造过程，以此来提高生产效率、降低生产成本和缩短产品上市时间。数字制造的核心在于数字化信息的运用，它包括但不限于计算机辅助设计（CAD）、计算机辅助制造（CAM）、计算机辅助工程（CAE）、三维模拟和虚拟现实等技术。

智能制造则是基于数字化的基础之上，进一步融合人工智能、大数据分析、云计算、物联网等先进技术，实现制造系统的自我学习、自我适应和自我优化。智能制造的目标是通过智能化的决策支持系统，使制造过程更加灵活、高效，同时能够实现资源的最优配置和环境的可持续发展。智能制造的关键技术包括智能工厂、智能生产、智能物流等，它们共同构成了一个高度集成、自动化和智能化的制造体系。

二、应用场景对比

在应用场景上，数字制造更多关注的是生产前的设计和规划阶段，以及生产过程中的监控和管理。例如，通过数字孪生技术创建产品的虚拟模型，进行性能分析和测试，从而在生产前优化设计；利用 CAM 软件编程控制机床自动加工，提高加工精度和效率。

智能制造则覆盖了从产品设计、生产制造到产品交付和服务的全生命周期。它不仅包括数字制造的应用场景，还涵盖了利用大数据和人工智能对生产过程进行实时优化、自动调整生产线配置，以及通过物联网技术实现设备的远程监控和维护等更广泛的应用。

三、区别和联系

1. 技术层面

数字制造主要依赖于数字化技术和软件工具，侧重于生产过程的数字化模拟和设计优化；而智能制造则在此基础上融合了人工智能、大数据等更高级的技术，实现了生产过程的智能化。

2. 目标导向

数字制造的目标是通过数字化手段提高设计和生产的效率和质量；智能制造则更加注重通过智能化手段实现生产的自动化、灵活性和资源的最优配置。

3. 应用范围

数字制造更多应用于生产前的设计与规划，以及生产过程的控制；智能制造则涉及制造全过程，包括设计、生产、管理和服务等多个环节。

尽管智能制造和数字制造在技术应用和目标导向上有所不同，但它们之间存在紧密的联系。可以说，数字制造是智能制造的基础和前提，没有数字化的信息和过程，就难以实现进一步的智能化和自动化。同时，智能制造是数字制造的进一步拓展和深化，它通过引入更先进的技术，将数字制造提升到一个新的水平。

总之，智能制造和数字制造在推动现代制造业转型和升级中扮演着不可或缺的角色。通过理解它们之间的区别和联系，企业可以更加有效地利用这些技术，实现生产的高效率、高质量和高灵活性，最终提升自身的竞争力和可持续发展力。随着技术的不断发展和应用的不断深化，预计未来智能制造和数字制造将进一步融合，带领制造业进入一个全新的时代。

第四节 国内外智能制造发展与应用

一、美国智能制造的发展与应用

美国作为全球科技创新的领导者，其智能制造领域的发展受到世界的广泛关注。美国政府、企业和学术界共同推动智能制造技术的研发和应用，致力于提高制造业的竞争力，实现生产效率和产品质量的双重提升。

美国智能制造的发展背景不可脱离其长期以来对创新科技的重视和投资。政府通过制定政策、提供资金支持，以及建立研发中心等方式，推动智能制造技术的研究和商业化。同时，美国拥有强大的信息技术基础和发达的工业体系，为智能制造提供了良好的发展土壤。

美国智能制造的发展依托于一系列关键技术的进步，包括人工智能、物联网、大数据分析、云计算、机器学习和机器人技术等。这些技术的应用使得美国制造业在产品设计、生产流程、供应链管理、质量控制等方面有了显著的进步。

美国智能制造的应用包括。①人工智能与机器学习：在产品设计和质量控制中，通过算法优化，实现了更高效的设计流程和更精准的缺陷检测。②物联网技术：通过设备和系统的互联，实现了生产过程的实时监控和管理，提高了生产效率和安全性。③大数据分析：对生产过程中产生的大量数据进行分析，用以优化生产流程和预测设备维护需求，减少了停机时间，提升了生产线的运行效率。④云计算：通过云平台，实现了数据和资源的集中管理，支持了远程协作和服务，降低了企业的 IT 成本。

美国智能制造应用于汽车、航空、电子、化学品等多个行业。例如，通用电气公司 (GE) 通过其 Predix 平台，为工业设备提供互联网连接能力，实现了设备的智能监控和预测性维护。特斯拉的自动化生产线则是利用机器人技术和人工智能，实现了汽车制造的高度自动化和效率优化。

尽管美国智能制造发展迅速，但仍面临技术集成、数据安全、人才短缺等挑战。技术的快速迭代要求企业持续投资更新系统，而数据安全问题则需要企业和政府共同努力以确保信息的安全。此外，智能制造对专业技术人才的需求日益增长，但目前人才供不应求，成为制约发展的一个重要因素。

二、欧洲智能制造的发展与应用

智能制造代表了工业发展的新时代，它利用信息技术和制造技术的融合，实现了制造过程的智能化、自动化和数字化。欧洲，作为全球工业化和技术创新的先驱，其智能制造的发展不仅展现了技术进步的力量，也反映了对可持续发展和高效生产的不懈追求。

智能制造在欧洲的发展可以追溯到 20 世纪末，随着计算机技术、互联网技术和自动化技术的飞速发展，欧洲各国开始探索制造业的数字化转型。早期，德国提出了"工业 4.0"[①]战略，意在通过智能化技术的应用，推动制造业的第四次革命。紧接着，其他欧洲国家如英国的"Catapult"计划、法国的"工业未来计划"以及意大利的"工业 4.0 国家计划"等都相继出台，标志着欧洲智能制造的全面启动。

---

① 北京：IBM 商业价值研究院 . IBM 商业价值报告：从店铺到元宇宙零售：在周期中布局下一个繁荣 [M]. 人民东方出版社，2023：195.

　　欧洲智能制造的发展依托于多项前沿技术的进步与应用，包括物联网（IoT）、大数据、云计算、人工智能（AI 技术）以及机器人技术等。通过这些技术的综合应用，欧洲制造业成功实现了从传统生产方式向智能生产的转变。例如，物联网技术使得生产设备能够实时互联互通，大数据技术助力于生产过程的优化决策，而人工智能技术则在产品设计、质量控制以及设备维护等方面发挥了重要作用。

　　智能制造在欧洲的应用包括。①德国的工业 4.0 实践：德国作为智能制造的领跑者，其在汽车制造、机械设备以及化工产品生产等领域的应用尤为突出。比如，宝马集团利用智能机器人和自动化技术，大幅提高了汽车装配的效率和灵活性。②瑞典的数字化供应链：瑞典企业在实现供应链数字化方面取得了显著成果。例如，电信设备制造商爱立信通过数字化供应链管理，有效降低了生产成本，提高了市场响应速度。③意大利的智能纺织：意大利的纺织制造业通过引入先进的数字化和自动化技术，如 3D 打印和智能编织机，实现了个性化和高效率生产。

　　尽管欧洲智能制造取得了显著进展，但仍面临诸多挑战，如技术标准化、数据安全与隐私保护、高技能人才短缺等问题。为应对这些挑战，欧洲各国政府和企业采取了多种措施，包括制定统一的技术标准、加强网络安全法律法规的建设以及在教育和培训体系中加大对 STEM（科学、技术、工程和数学）领域人才的培养力度。

　　智能制造将是继续推动欧洲制造业创新和竞争力提升的关键力量。随着技术的不断进步和应用场景的不断拓展，智能制造有望实现更加个性化、灵活和绿色的生产方式。同时，跨国合作在促进技术标准统一、共享最佳实践以及应对全球性挑战方面将发挥更加重要的作用。

　　总而言之，欧洲智能制造的发展展现了技术创新与工业传统融合的巨大潜力。通过不断探索和应用前沿技术，欧洲制造业正朝着更加智能、高效和可持续的方向迈进。面对未来，欧洲智能制造的发展仍需克服众多挑战，但其在全球智能制造领域的领导地位无疑将进一步巩固和提升。

三、亚太智能制造的发展与应用

　　亚太地区作为全球经济增长的重要引擎，其制造业的发展水平和技术创新能力对全球产业链具有深远影响。近年来，随着数字化转型的深入，亚太地区的智能制造发展迅速，成为推动区域经济发展和产业升级的关键力量。

亚太地区国家在经济结构、产业基础和技术水平上存在较大差异，但普遍认识到智能制造是实现产业升级和持续增长的重要途径。例如，中国的"制造2025"、日本的"社会5.0"战略、韩国的"制造业创新3.0"战略等，都是亚太地区各国推动智能制造发展的具体表现。这些战略不仅聚焦于技术创新，也强调了绿色可持续发展和智能社会构建的重要性。

亚太地区的智能制造发展得益于多项关键技术的进步和应用，包括但不限于人工智能、物联网、大数据分析、云计算和机器人技术。这些技术的融合应用，为制造业带来了生产效率的显著提升、生产成本的有效降低、产品质量的持续改进和新产品开发周期的缩短。

亚太地区的智能制造主要应用包括。①中国的智能制造实践：中国作为世界制造业大国，智能制造的发展尤为迅速。通过大力推广工业互联网平台，实现设备、生产线和企业间的深度连接，促进了生产流程的智能优化和资源配置的高效利用。②日本的精密制造技术：日本依托其在机器人技术、传感器和精密机械领域的深厚积累，将智能制造应用于汽车、电子和机械设备等行业，不断提高生产的自动化和智能化水平。③韩国的信息技术融合：韩国通过将信息技术与制造业深度融合，推动了智能工厂的建设，尤其在半导体和电子行业，实现了大规模定制化生产和供应链的实时优化。

尽管亚太地区智能制造取得了显著成就，但仍面临技术标准不统一、企业数字化转型不平衡、人才短缺等挑战。为应对这些挑战，亚太各国政府和企业正在采取一系列措施，如加强国际合作、制定共享的技术标准、推动中小企业的数字化转型，以及加大对STEM教育和职业培训的投资。

未来，亚太智能制造将继续沿着技术创新、绿色可持续发展和产业生态构建的方向发展。随着5G、边缘计算、量子计算等新技术的成熟应用，智能制造将实现更高水平的智能化和柔性化生产。同时，随着全球产业链重构，亚太地区的智能制造也将在全球制造业中发挥更加重要的作用。

第五节　中国智能制造

中国智能制造是指运用新一代信息技术和制造技术的深度融合，推动制造业向智能化、高效率、绿色环保方向发展的一种新型制造模式。近年来，随着中国经济的快速发展和工业化、信息化进程的加快，智能制造成为国家战略的重要组成部分，旨在实现制造业的转型升级和持续发展。本节将详细探讨中国智能制造的发展背景、关键技术、应用实例、面临的挑战以及未来发展趋势。

中国政府高度重视智能制造的发展，将其视为提升国家制造业竞争力、实现从制造大国向制造强国转变的关键途径。在"中国制造2025"①"互联网＋"行动计划等一系列国家战略的指导下，智能制造得到了快速发展。这些政策旨在通过技术创新和模式创新，推动制造业的质量变革、效率变革和动力变革。

中国智能制造的发展依托于多项关键技术的进步，包括。①人工智能：在产品设计、生产过程优化、质量控制等方面的应用，提高了制造精度和效率。②物联网：通过设备互联，实现了生产过程的实时监控、远程控制和智能决策，提升了生产自动化水平。③大数据分析：利用生产数据进行深度分析，优化生产管理和决策过程，提高资源配置的效率。④云计算与边缘计算：为智能制造提供了强大的数据处理能力和灵活的计算资源，支持了复杂的数据分析和应用部署。⑤机器人技术：在自动化生产线、仓储物流等领域的广泛应用，显著提升了操作效率和减少了人力成本。

在中国，智能制造已经在汽车、电子、钢铁、化工等多个行业得到了广泛应用。①汽车制造：通过智能化改造，实现了生产线的柔性化和自动化，提高了生产效率和产品质量。②电子信息：采用智能生产设备和系统，实现了高精度和高效率的电子产品制造。③钢铁企业：引入智能控制系统，实现了原料消耗的优化和生产过程的节能降耗。④化工行业：通过智能化技术，提高了化工生产的安全性和环保水平。

尽管中国智能制造取得了显著进展，但仍面临一系列挑战，包括技术创新能力不足、企业数字化转型初级阶段、人才短缺以及数据安全和隐私保护等问题。这些挑战要求政府、企业和学术界共同努力，通过政策支持、技术研发和人才培养等多方面措施加以解决。

随着科技的发展，中国智能制造将继续深化与新一代信息技术的融合，推动制造业高质量发展。未来将在以下领域取得更大进展：新技术（如5G、人工智能、量子计算等）将在智能制造中得到更广泛应用，推动生产效率和产品创新。形成

---

① 《中国制造2025》解读之：中国制造2025，我国制造强国建设的宏伟蓝图[J].工业炉，2024，46（02）：32.

更加开放和协同的智能制造产业生态，促进上下游企业和跨行业的深度合作。智能制造将更加注重环保和可持续发展，通过技术创新实现节能减排和资源高效利用。加强与国际先进制造企业和研究机构的合作，共享智能制造的最新成果和经验，提升中国在全球智能制造领域的影响力。

中国智能制造作为国家战略的重要组成部分，正处于快速发展阶段。通过政策引导、技术创新和产业升级，中国智能制造正逐步实现制造业的转型升级，为经济高质量发展注入新的动力。面对未来，中国智能制造将继续深化技术应用和产业融合，推动制造业向更加智能化、绿色化、服务化方向发展，为实现制造强国梦想贡献力量。

第二章 数字化智能制造

数字化智能制造是当前制造业的重要发展趋势，它结合了先进的信息技术、自动化技术和人工智能，旨在实现制造过程的智能化、高效化和灵活化。

一、数字化智能制造的概念

数字化智能制造是指运用数字技术和智能化技术对整个制造过程进行优化的生产方式。它涉及从设计、加工、组装、检测到物流和服务的每一个环节，通过数据和智能算法驱动，提升制造业的效率、质量和灵活性。

二、数字化智能制造的核心技术

数字化智能制造的核心技术是支撑其发展和实施的关键技术，这些技术共同作用，推动制造业向更高效率、更大灵活性和更高智能化水平的转变。以下是数字化智能制造中的一些核心技术。

1. 物联网（IoT）

（1）概念：物联网是指通过网络连接各种物理设备，如传感器、机器和智能设备，实现数据的收集、交换和分析。

（2）应用：在制造业中，物联网技术用于监测和优化生产流程，实现设备的远程控制和维护，以及提升生产效率和产品质量。

2. 大数据与数据分析

（1）概念：大数据是指大量、多样化、高速生成的数据，数据分析则是从这些数据中提取有价值的信息。

（2）应用：在制造业中，通过分析生产数据、消费者数据等，可以优化生产决策、预测市场趋势和改进产品设计。

3. 云计算

（1）概念：云计算提供了通过互联网访问共享资源、软件和信息的能力，而无须本地服务器或个人计算设备。

（2）应用：在智能制造中，云计算用于提供强大的数据存储、处理和分析能力，支持协作工作和资源共享。

4. 人工智能与机器学习

（1）概念：人工智能是指机器模拟人类智能行为的技术，机器学习则是人工智能的一个分支，指的是机器通过学习数据来提升性能。

（2）应用：在制造业中，AI技术和机器学习用于自动化复杂决策过程，提高生产效率，实现预测性维护和质量控制。

5. 机器人技术

（1）概念：机器人技术涉及设计、构造、操作和使用机器人来执行任务。

（2）应用：制造业中的机器人用于自动化和优化生产线，从简单的重复任务到复杂的组装和检测作业。

6. 数字孪生

（1）概念：数字孪生指的是创建一个物理对象、系统或过程的虚拟数字复制品。

（2）应用：在制造业中，数字孪生被用于模拟生产过程，优化设计和生产流程，减少试错成本。

7. 增材制造（3D打印）

（1）概念：增材制造是一种通过逐层添加材料来构造物体的过程。

（2）应用：在制造业中，3D打印用于快速原型制作、生产定制化零件和短周期生产。

8. 虚拟现实（VR）与增强现实（AR）

（1）概念：虚拟现实是通过计算机技术创建一个仿真环境，而增强现实则是将虚拟信息叠加到现实世界中。

（2）应用：在智能制造中，VR和AR用于产品设计、员工培训、维修指导和生产过程可视化。

9. 网络安全

（1）概念：网络安全是指保护网络系统免受数字攻击的措施。

（2）应用：在数字化智能制造中，网络安全至关重要，用于保护生产数据和工业控制系统不受威胁。

这些核心技术的融合和应用，推动了制造业从传统生产模式向更加智能、高效和灵活的生产模式转变，同时为企业带来了新的商业机遇和挑战。

三、应用场景

数字化智能制造的应用场景广泛，涵盖了从产品设计、生产过程、质量控制到供应链管理和售后服务的各个方面。这些应用场景利用了先进的信息技术、自动化技术和人工智能，大大提高了制造业的效率、质量和灵活性。以下是主要的应用场景。

1. 智能工厂

（1）概述：通过物联网、大数据、AI 技术和自动化技术，创建高度数字化和互联的工厂环境，实现生产过程的实时监控和智能化管理。

（2）应用：如预测性维护、实时能源管理、生产过程的自动调整、智能物料管理等。

2. 个性化定制

（1）概述：利用数字化技术，如增材制造（3D 打印），来满足客户的个性化需求，实现小批量、高定制化的生产。

（2）应用：在汽车、时尚、家具等行业中，根据客户的具体需求定制产品。

3. 数字孪生

（1）概述：创建一个产品或生产过程的虚拟数字副本，用于模拟、分析和预测实际情况。

（2）应用：在产品设计阶段进行仿真测试，优化生产流程，预测设备故障。

4. 质量控制和检测

（1）概述：应用机器视觉、AI 技术和数据分析技术，自动化和智能化地进行质量监测和控制。

（2）应用：在生产线上自动检测产品缺陷，实时监控产品质量。

5. 预测性维护

（1）概述：通过分析设备数据，预测潜在的故障和维护需求，从而减少停机时间和维护成本。

（2）应用：监测关键设备的运行状态，提前安排维护工作。

6. 供应链优化

（1）概述：利用大数据和 AI 技术分析市场需求、供应状况和物流信息，优化供应链管理。

（2）应用：实现库存优化、需求预测、物流调度和供应链风险管理。

7. 智能物流

（1）概述：整合自动化和数字化技术，如无人搬运车和智能仓储系统，提高物流效率。

（2）应用：自动化仓库管理，智能货物跟踪和配送。

8. 远程监控与服务

（1）概述：通过云平台和物联网技术，远程监控设备运行状态，提供远程诊断和服务。

（2）应用：对分布在不同地点的设备进行远程监控，快速响应客户服务需求。

9. 人机协作

（1）概述：在智能工厂中，人和机器人协同工作，提高生产效率和灵活性。

（2）应用：机器人协助人工进行复杂或危险的任务，如搬运、组装和焊接。

10. 环境可持续性

（1）概述：运用智能制造技术提高能源效率和资源利用率，减少环境影响。

（2）应用：优化能源管理，实现废物最小化和循环利用。

数字化智能制造的这些应用场景不仅使制造过程更加高效和灵活，而且有助于提高产品质量，缩短产品上市时间，降低成本，并提高客户满意度。同时，它们也为制造业的可持续发展和未来创新提供了强大的支撑。

四、发展趋势

数字化智能制造的发展趋势是制造业技术革新和业务模式转型的重要方面，它体现了工业自动化和信息技术的深度融合。以下是数字化智能制造的几个主要发展趋势。

1.人工智能和机器学习的深度应用

（1）趋势：人工智能（AI技术）和机器学习（ML）技术在制造业中的应用将变得更加广泛和深入。

（2）应用：通过AI技术和ML进行生产过程优化、质量控制、预测性维护和自动化决策。

2.物联网（IoT）的普及

（1）趋势：物联网技术将进一步推动制造设备、系统和平台的互联互通。

（2）应用：通过IoT实现实时数据采集、远程监控和设备管理，提高生产效率和灵活性。

3.数字孪生技术的发展

（1）趋势：数字孪生将成为设计、测试、监控和维护产品和生产过程的关键工具。

（2）应用：利用数字孪生模拟真实的制造环境，预测设备行为，优化生产流程。

4.增材制造（3D打印）的进步

（1）趋势：3D打印技术将继续发展，适用范围将从原型制作扩展到生产制造。

（2）应用：实现复杂产品的快速制造、小批量生产和定制化生产。

5.环境可持续性和绿色制造

（1）趋势：环境可持续性将成为数字化智能制造的重要目标之一。

（2）应用：优化资源利用、减少废弃物、降低能耗和排放。

6.工业互联网平台的构建

（1）趋势：工业互联网平台将成为连接设备、数据、人员和流程的关键枢纽。

（2）应用：提供跨企业、跨行业的数据分享、协作和创新环境。

7.个性化和按需生产

（1）趋势：随着技术的进步，制造业将更加灵活地响应市场和客户的个性化需求。

（2）应用：实现快速响应市场变化，提供定制化产品和服务。

8. 网络安全和数据保护

（1）趋势：随着制造业数字化水平的提高，网络安全和数据保护将变得越来越重要。

（2）应用：加强网络安全措施，保护生产数据和知识产权。

9. 跨界融合和新业态发展

（1）趋势：制造业将与 IT、大数据、新能源等其他行业深度融合，形成新的业态。

（2）应用：创新商业模式，开拓新的市场和收入来源。

10. 智能化服务和维护

（1）趋势：智能化服务将成为制造业的重要组成部分，提供更高附加值。

（2）应用：利用智能技术提供高效的售后服务、维护和升级。

总体而言，数字化智能制造的发展趋势指向更加智能化、自动化、灵活化和可持续化的制造模式，不仅将提高制造业的效率和质量，也将为制造业带来新的增长机遇和挑战。

五、面对的挑战与机遇

数字化智能制造在推动制造业转型和升级的同时，面临着一系列的挑战。这些挑战涉及技术、管理、经济和社会等多个方面。以下是数字化智能制造面临的主要挑战。

1. 技术挑战

（1）技术成熟度：虽然许多技术在理论上已被证明是可行的，但在实际应用中仍须克服技术成熟度不足的问题。

（2）集成和兼容性：将新技术与现有系统和设备集成，确保不同技术之间的兼容性和协同工作。

（3）数据安全和隐私保护：随着制造数据量的增加，如何保护这些数据不受黑客攻击和泄露成为一大挑战。

2. 管理挑战

（1）变革管理：数字化转型需要对组织结构、工作流程和企业文化进行根本性的变革。

（2）人才培养：缺乏数字技术和智能制造领域的专业人才。

（3）标准化和规范化：缺乏统一的行业标准和规范，使得技术推广和应用复杂化。

3. 经济挑战

（1）高投资成本：引入新技术和升级现有设施需要较大的资金投入。

（2）投资回报不确定性：由于技术变革和市场需求的不确定性，投资回报可能存在风险。

4. 社会挑战

（1）劳动力市场影响：自动化和智能化可能导致某些工作岗位的减少，影响劳动力市场。

（2）技术接受度：员工和管理层对新技术的接受程度和适应能力。

（3）伦理和法律问题：智能制造可能引发的伦理和法律问题，如机器人的法律责任、人工智能的伦理边界等。

5. 供应链挑战

（1）供应链重构：数字化智能制造对供应链结构和管理方式提出了新要求。

（2）全球化风险管理：在全球化背景下，如何应对供应链中的各种风险，如政治、经济波动等。

6. 客户需求和市场适应性

（1）市场变化适应性：快速响应市场变化和客户需求，特别是在个性化和定制化生产方面。

（2）产品生命周期管理：随着产品更新换代加快，如何有效管理产品生命周期成为挑战。

面对这些挑战，企业需要采取相应的策略和措施，包括加强技术研发、优化管理流程、培养专业人才、加大资金投入，并积极探索新的业务模式和市场机会。同时，政府和行业组织也需要提供必要的支持和引导，包括制定相应的政策和标准、提供培训和教育资源，以及促进技术创新和应用。

六、应对措施

面对数字化智能制造所带来的挑战，企业和组织需要采取一系列应对措施，以确保技术的有效实施和长期可持续发展。以下是关键的应对策略。

1. 技术创新和研发投入

（1）持续研发：投入资源用于新技术的研发，特别是在人工智能、大数据、物联网等领域。

（2）技术合作：与科研机构、高校和其他企业建立合作，共同推动技术创新。

2. 人才培养和技能提升

（1）专业培训：为员工提供数字化技能和智能制造相关的培训。

（2）人才引进：吸引和招募具有专业技能的人才，如数据科学家、系统分析师等。

（3）文化适应：培养企业内部对于数字化转型的认知和适应能力。

3. 管理和组织变革

（1）变革管理：实施有效的组织和流程变革管理，确保平稳过渡。

（2）敏捷管理：采用敏捷的管理方法，快速响应市场变化和技术发展。

4. 投资和成本控制

（1）合理投资：评估和规划数字化智能制造的投资，确保投资的有效性。

（2）成本效益分析：进行全面的成本效益分析，合理分配资源。

5. 数据安全和隐私保护

（1）加强安全措施：建立健全的数据安全体系，采用先进的安全技术和措施。

（2）隐私合规：确保数据处理和存储符合相关的法律法规。

6. 供应链优化和全球化风险管理

（1）灵活的供应链：构建灵活高效的供应链体系，应对市场变化和全球风险。

（2）风险评估：定期进行全球化风险评估和应对策略制定。

7. 客户需求和市场适应

（1）市场研究：深入了解市场和客户需求，引导产品开发和服务创新。

（2）个性化和定制化：运用数字化技术提供更加个性化和定制化的产品和服务。

8. 政策支持和行业合作

（1）政策倡议：积极与政府部门沟通，争取政策支持和资金补助。

（2）行业合作：与行业组织和同行企业建立合作关系，共同推进标准制定和技术推广。

通过这些策略的实施，企业可以更好地适应数字化智能制造带来的挑战，把握技术发展的机遇，促进企业的可持续发展和竞争力提升。

第三章　5G 框架下的智能制造实现

第一节　以 IIoT 为核心的智能制造对 5G 的迫切需求

智能制造是当今制造业领域的一项重要趋势，它将物联网（IoT）和工业互联网（IIoT）技术与先进的数字化工具相结合，旨在提高生产效率、降低成本、改善产品质量和创造更灵活的生产环境。在这一趋势中，5G 技术被视为至关重要的支持因素，因为它能够满足智能制造的迫切需求，并推动其进一步发展。本章将详细探讨智能制造对 5G 的迫切需求，以及 5G 技术如何助力智能制造的发展。

一、智能制造的特征

智能制造代表了制造业向数字化、网络化、智能化转型的新阶段，是工业 4.0 概念的核心组成部分。它利用信息技术和制造技术的深度融合，实现生产方式的根本变革，提高制造业的产品质量、生产效率和创造灵活性。其特征主要包括以下六个方面。

第一，数字化。数字化是智能制造的基础，是指将物理世界的信息转换成数字形式以便处理、分析和共享。这包括产品的设计、生产过程、设备状态等所有相关信息。通过数字化，企业能够在虚拟环境中模拟和优化产品设计和生产过程，实现快速迭代和创新。数字孪生技术便是数字化的一个典型应用，通过创建物理实体的虚拟副本来预测性能、优化操作和支持决策。

第二，网络化。网络化使得设备、系统和人员能够通过网络连接和通信，实现信息的实时共享和流动。这不仅包括工厂内部的垂直和水平集成，也包括供应链上下游的集成。在智能制造系统中，通过物联网技术实现的设备互联互通，使得生产管理更加灵活和透明，同时增强了对市场需求的响应速度和供应链的协同效率。

第三，智能化。智能化是智能制造的核心，涉及利用人工智能、机器学习、大数据分析等技术对生产过程进行优化和自动调整。智能化使得制造系统能够自我诊断、预测维护、自动规划和自我优化。例如，通过分析历史数据和实时数据，智能系统能够预测设备故障并提前进行维护，避免生产中断，提高生产效率和产品质量。

第四，灵活性和定制化生产。智能制造提高了生产系统的灵活性，能够快速适应市场需求的变化，支持小批量、多品种、个性化定制的生产模式。利用先进的数字化工具和自动化技术，制造企业可以在不牺牲效率和成本的前提下，为客户提供定制化的产品和服务。这种灵活性和定制化能力是传统制造模式难以实现的。

第五，整合与协同。智能制造强调系统内部及其与外部环境之间的整合与协同。通过整合信息流、物流和业务流，以及加强与供应商、客户、研发机构等外部伙伴的协同合作，企业能够构建起一个高效、响应灵敏的生产和运营体系。这种整合不仅提升了资源利用率，还提高了整个生产生态系统的创新能力和竞争力。

第六，持续优化与学习。智能制造系统具有持续学习和自我优化的能力，能够不断地从生产实践中学习，通过数据分析和人工智能算法不断优化生产过程和管理决策。这种持续优化的过程有助于企业适应不断变化的市场需求和技术进步，保持持续的竞争优势。

智能制造通过以上关键特征，代表了制造业的未来方向。它不仅提高了制造业的效率和质量，也推动了制造业向更加灵活、智能和绿色的发展方向转型。随着技术的进步和应用的深化，智能制造将继续发挥其潜力，引领制造业实现更高层次的创新和发展。

二、5G 技术的优势

5G 技术，作为第五代移动通信技术的代表，标志着全球通信领域的一次重大飞跃。它不仅是速度和带宽的革命性提升，更是智能化社会发展的关键驱动力。5G 技术的优势包括以下六个方面。

第一，极高的数据传输速度。5G 技术的最直观优势在于其提供的极高的数据传输速度，理论上可达到 4G LTE 速度的 20 倍甚至更高。这意味着用户可以在几乎没有延迟的情况下下载大型文件，如在几秒钟之内下载高清电影。这种速度的提升大大改善了用户的网络体验，使得视频通话、在线游戏、高清视频流媒体等服务更加流畅和高效。

第二，更低的延迟。5G 技术显著降低了通信延迟，理论上可达到 1 毫秒以下，这是 4G 网络的 1/10 甚至更低。低延迟是实现车联网、远程医疗、无人机控制等应用的关键，这些应用对实时性的要求极高。例如，在远程手术中，低延迟可以使医生即使身处千里之外，也能精准控制手术器械，实时响应患者情况。

第三，更大的连接容量。5G 网络能够支持更多的设备同时连接，其连接密度是 4G 网络的 100 倍以上。这一特性对于实现物联网 (IoT) 具有重要意义，能够使数十亿的设备接入网络而不会导致网络拥堵。从家用电器、汽车到城市基础设施等都可以实现智能互联，为智慧城市、智能家居等应用提供了坚实的网络基础。

第四，更广泛的应用场景。5G 技术的优势不仅仅局限于传统的通信领域，它还开启了诸多先前难以实现的应用场景。例如，5G 网络能够支持高速移动场景下的稳定连接，使得高速列车、汽车等交通工具上的乘客可以享受高质量的网络服务。此外，5G 还能够支持边缘计算，将数据处理和存储更靠近数据源头，从而为自动驾驶、工业自动化等提供强大支撑。

第五，推动经济社会发展。5G 技术的推广将极大地促进经济和社会的发展。一方面，它为传统产业的数字化、智能化升级提供了可能，如通过改善制造业、农业等行业的生产效率和管理效能。另一方面，5G 还将催生一系列新兴产业和服务模式，如虚拟现实 (VR)、增强现实 (AR)、远程医疗服务等，为经济增长注入新的动力。

第六，安全性和可靠性的提升。与 4G 相比较，5G 网络在设计之初就更加重视安全性和可靠性。5G 采用了更先进的加密技术，提高了数据传输的安全性。同时，通过网络切片技术，5G 能够为不同的服务和应用提供定制化的网络环境，确保关键应用的高可靠性和高性能。

5G 技术以其高速度、低延迟、高连接密度等显著优势，不仅将改变人们的日常生活，提供更加丰富和高效的网络服务，而且将深刻影响经济结构和社会发展，推动多个行业的变革。从智能制造到智慧城市，从远程医疗到自动驾驶，5G 技术的应用前景广阔，正成为推动全球进入智能化新时代的关键力量。随着 5G 技术的不断成熟和应用的不断拓展，其在未来社会中的角色将越发重要。

三、智能制造对 5G 的迫切需求

智能制造对 5G 技术的迫切需求包括。①实时数据分析：在智能制造中，实时数据分析是至关重要的。生产设备和传感器不断产生大量数据，需要快速传输和处理，以便在监测生产过程，检测异常和作出及时的决策。5G 的高带宽和低延迟使得实时数据分析成为可能，有助于提高生产效率和质量。②互联设备和系统：智能制造依赖于设备之间的互联互通，以实现协同工作和优化生产过程。5G 的大规模连接性能可以满足智能制造中大量设备和传感器的连接需求，支持设备之间的高效通信和协作。③移动机器人和自动化设备：智能制造中的移动机器人和自动化设备需要高速连接，以便在工厂内自由移动并执行任务。5G 技术的高速移动性能可以确保这些设备能够实时通信，从而实现更高程度的自动化和生产灵活性。例如，自动驾驶 AGV（自动导向车）可以通过 5G 网络接收实时的导航和任务指令，以便在工厂内自主运行。④网络切片和定制化网络：智能制造应用多种多样，每个应用都可能有不同的网络要求。5G 技术支持网络切片，可以为不同的应用定制网络，确保每个应用都能获得所需的网络性能。例如，一个需要高带宽和低延迟的机器视觉应用可以获得专用的网络切片，而一个需要大规模连接但较低带宽的传感器网络可以获得另一个切片，这种灵活性对于智能制造至关重要。⑤数据安全和隐私：智能制造中涉及大量敏感数据，包括产品设计、生产工艺和质量控制等信息。5G 技术提供了更强的数据安全和隐私保护功能，包括端到端的加密、身份验证和访问控制，以确保数据不被未经授权的访问或篡改。⑥资源管理和优化：智能制造需要高度智能的资源管理和优化，以确保生产线的高效运行。5G 技术可以支持智能算法和决策引擎，帮助企业动态分配资源、协调生产任务，并优化生产过程，从而提高生产效率和降低成本。⑦灵活生产和市场响应：市场需求的不断变化要求制造企业能够迅速调整生产线以生产不同类型的产品。5G 技术可以帮助企业实时监测市场需求变化，并快速调整生产计划，以更好地响应市场需求，提高竞争力。⑧质量控制和故障预测：5G 技术的低延迟和高带宽允许制造企业实施高级的质量控制和故障预测系统。通过实时监测和分析生产过程数据，企业可以及时监测到潜在的质量问题和设备故障，减少废品率和停机时间。⑨跨地理位置协作：许多制造企业分布在全球各地，需要进行跨地理位置的协作。5G 技术可以提供高质量的远程通信和协作工具，使跨国企业能够更好地管理全球供应链和生产活动。

综上所述，智能制造对 5G 技术的迫切需求是不可忽视的。5G 技术的高带宽、低延迟、大规模连接、网络切片、安全性和灵活性等特点，使其成为支持智能制造的理想选择。5G 技术的应用将有助于提高生产效率、降低成本、改善产品质量，并使制造企业能够更加灵活地适应不断变化的市场需求。因此，智能制造企业需要积极投资和采用 5G 技术，以实现更高水平的数字化和自动化生产。这不仅有助于企业提高竞争力，还有助于推动整个制造业的发展。

第二节　5G 赋能智能制造总体架构

5G 技术作为第五代移动通信技术，为智能制造提供了强大的支持和赋能。它的高带宽、低延迟、大规模连接、网络切片和高度安全的特性，为智能制造提供了丰富的机会，可以实现更高水平的数字化、自动化和智能化生产。以下是详细的 5G 赋能智能制造的总体架构。

一、5G 网络基础设施

5G 网络是智能制造的基础。这个层次包括 5G 基站、核心网络、传输网络和边缘计算资源。

1. 5G 基站

5G 基站部署在工厂内，提供高速数据传输和低延迟连接。它们支持大规模连接，包括机器、传感器、自动化设备和移动机器人等。

2. 核心网络

核心网络负责路由和管理数据流量，确保高效的数据传输和网络切片。这一层也负责身份验证、安全性和访问控制。

3. 传输网络

传输网络连接 5G 基站和核心网络之间的数据传输，确保高带宽和低延迟。

4. 边缘计算资源

边缘计算服务器位于工厂内部，可以加速数据处理和决策，减少数据的传输时间。这对于实时决策和实时数据分析至关重要。

二、感知和数据采集层

感知和数据采集层负责感知工厂内的状态和数据采集，包括传感器和设备，以及自动化设备。

1. 传感器和设备

工厂内的传感器和设备用于收集各种数据，包括温度、湿度、压力、速度、位置等。这些传感器可以直接连接 5G 网络，将实时数据传输到云端或边缘服务器。

2. 自动化设备

自动化设备 [如工业机器人、自动导向车（AGV）和自动化生产线] 通过 5G 网络进行控制和通信。这些设备可以实时响应指令，进行自动化生产和任务执行。

三、数据处理和分析层

数据处理和分析层负责处理、分析和挖掘从感知层采集的数据，包括边缘计算和云端平台。

1. 边缘计算

边缘计算服务器在工厂内部提供实时数据处理和决策支持。它可以执行数据过滤、预处理和简单的决策，以降低数据传输到云端的负荷。

2. 云端平台

云端平台是数据存储、处理和分析的中心。它可以利用大数据分析、机器学习和人工智能来提供高级的数据分析、质量控制、故障预测和生产优化。

四、应用层

应用层包括各种智能制造应用，它们利用从数据处理和分析层获得的信息来改进生产过程和决策制定。应用层包括以下五种。

1. 生产计划和排程

智能制造应用可以根据市场需求和资源可用性进行实时生产计划和排程，以提高资源利用率。

2. 质量控制和监测

应用可以监测生产过程中的质量参数，并根据实时数据进行质量控制，以减少废品率。

3. 故障预测和维护

利用数据分析和机器学习，应用可以预测设备故障，并提前采取维护措施，以减少停机时间。

4. 物流和库存管理

智能制造应用可以优化物流和库存管理，确保原材料和零部件的及时供应以及成品的及时交付。

5. 人机协作

应用可以支持人员与自动化设备和机器人的协作，以提高生产效率和工作安全性。

五、安全和隐私层

智能制造中的数据安全和隐私保护至关重要，这一层包括以下四个方面。

1. 身份验证和访问控制

确保只有授权的用户和设备能够访问系统。

2. 数据加密

对传输和存储的数据进行加密，以防止未经授权的访问。

3. 网络安全

保护 5G 网络免受网络攻击和威胁。

4. 隐私保护

确保个人数据和敏感信息的隐私得到保护，符合法规要求。

总之，5G 赋能智能制造的架构是一个复杂的生态系统，它结合了高速的 5G 网络、各种感知设备、数据处理和分析能力、智能应用以及安全保护措施。这个架构使制造企业能够实现更高效、灵活、智能和可持续的生产，提高了生产效率、降低了成本，并为企业提供了更好的竞争力。随着 5G 技术的不断发展和普及，智能制造将迎来更大的变革和发展机遇。

第三节　5G 赋能智能制造关键技术及模块

5G 技术的应用对于赋能智能制造具有深远的影响，它提供了高速数据传输、低延迟通信、大规模连接和网络切片等关键特性，为智能制造的发展提供了支持。在 5G 赋能智能制造中，有一些关键的技术和模块起着作用，它们帮助企业实现数字化、自动化和智能化的生产。以下是这些关键技术和模块的详细叙述。

一、5G 通信技术

5G 通信技术是 5G 赋能智能制造的核心，包括以下关键特性。

1. 高带宽

5G 网络提供了更大的带宽，支持大规模数据传输，适用于高分辨率视频、传感器数据和工厂内的实时通信。

2. 低延迟

5G 网络的低延迟性能非常重要，其能够确保实时控制和通信，支持工业机器人、自动导向车和自动化设备的高效运行。

3. 大规模连接

5G 支持人量设备和传感器的连接，每平方千米可支持数以白力计的设备连接，这对于智能制造中的大规模传感器网络至关重要。

4. 网络切片

5G 技术允许网络切片，将网络资源划分为多个虚拟网络，每个切片可以根据应用的需求进行定制，以确保每个应用都能获得所需的网络性能。

二、边缘计算

边缘计算是智能制造的关键技术之一，它将计算和数据处理能力转移到接近数据源的位置，减少了数据传输时间和延迟。在 5G 赋能智能制造中，边缘计算有以下作用。

1. 实时数据处理

边缘计算服务器可以在工厂内部实时处理传感器数据，执行数据过滤、预处理和简单的决策，减少了数据传输到云端的负荷。

2. 低延迟决策

边缘计算允许工厂内的设备和系统更快速地作出决策。例如，在机器人的自主导航中，边缘计算可以提供实时的地图和路径规划。

3. 本地存储

边缘计算服务器可以存储关键数据和模型，以便在断网或云端不可用的情况下继续工作。

三、物联网和传感器技术

物联网（IoT）和传感器技术是智能制造中的数据来源。在 5G 赋能智能制造中，IoT 和传感器技术有以下作用。

1. 实时数据采集

传感器和 IoT 设备通过 5G 网络实时传输数据，包括温度、湿度、压力、速度、位置等，用于监测和控制生产过程。

2. 设备连接

IoT 设备和传感器通过 5G 网络连接到中央系统，以实现实时监测和控制。

3. 数据智能化

传感器数据经过处理和分析后，可以用于智能制造应用，如质量控制、故障预测和生产优化。

四、人工智能和机器学习

人工智能（AI 技术）和机器学习（ML）在智能制造中扮演着关键角色。它们可以处理和分析大量数据，提供智能决策支持，并优化生产过程。在 5G 赋能智能制造中，AI 技术和 ML 有以下应用。

1. 质量控制

AI 技术可以分析传感器数据，监测产品质量问题，并实时进行质量控制。

2. 故障预测和维护

机器学习模型可以分析设备数据，预测设备故障，并提前采取维护措施，以减少停机时间。

3. 生产优化

AI技术和ML可以优化生产计划和排程，根据实时数据和市场需求进行调整，提高资源利用率。

4. 人机协作

AI技术可以支持人员与自动化设备和机器人的协作，提高工作效率和工作安全性。

五、数据安全和隐私保护

在5G赋能智能制造中，数据安全和隐私保护是至关重要的。其包括以下四个方面。

1. 数据加密

对传输和存储的数据进行加密，以防止未经授权的访问。

2. 身份验证

确保只有授权的用户和设备能够访问系统，使用双因素身份验证等方法增强安全性。

3. 网络安全

保护5G网络免受网络攻击和威胁，包括防火墙、入侵检测系统等安全措施。

4. 隐私保护

确保个人数据和敏感信息的隐私能够得到保护，符合法规要求，如《通用数据保护条例》（GDPR）等。

六、网络管理和自动化

5G赋能智能制造需要强大的网络管理和自动化功能，以确保网络的稳定性和高效性。以下是关键的网络管理和自动化技术和模块。

1. 网络监控和分析

实时监控 5G 网络性能，识别潜在问题并采取纠正措施，以确保网络的稳定性和可用性。

2. 资源调度

自动化资源调度可以确保网络资源的最佳利用，包括带宽、计算资源和存储资源。

3. 网络配置管理

自动化配置管理可确保网络配置的一致性和合规性，减少了人工错误的可能性。

4. 容错和故障恢复

自动化容错和故障恢复功能可以在网络发生故障时快速恢复正常操作，减少生产中断。

七、应用层

应用层是智能制造的关键组成部分，它利用 5G 技术和其他关键技术实现各种智能制造应用。这些应用包括以下六个方面。

1. 生产计划和排程

根据市场需求和资源可用性进行实时生产计划和排程，以提高资源利用率和生产效率。

2. 质量控制和监测

实时监测生产过程中的质量参数，并根据实时数据进行质量控制，减少废品率。

3. 故障预测和维护

利用数据分析和机器学习，预测设备故障，并提前采取维护措施，以减少停机时间。

4. 物流和库存管理

优化物流和库存管理，确保原材料和零部件的及时供应以及成品的及时交付。

5. 人机协作

支持人员与自动化设备和机器人的协作，提高工作效率和工作安全性。

6. 产品追溯和溯源

通过数据记录和追踪，实现产品的追溯和溯源，以应对质量问题和安全性问题。

总之，5G赋能智能制造的关键技术和模块相互关联，共同构建了一个智能化的生产生态系统。该系统利用高速、低延迟、大规模连接和网络切片等5G特性，结合边缘计算、IoT、人工智能、数据安全、网络管理和自动化等技术，实现了数字化、自动化和智能化的生产过程。这不仅提高了生产效率、降低了成本，还提供了更好的质量控制、故障预测和生产优化能力，使制造企业更具竞争力。因此，5G技术作为智能制造的关键推动力量，将在未来继续发挥重要作用，推动制造业的进一步发展和变革。

第四节　5G赋能智能制造模式升级

5G技术的崛起已经在制造业引发了一场革命，将传统制造业升级为智能制造。然而，随着时间的推移，制造企业正不断寻求更多的创新方法，以最大限度地发挥5G的潜力，并将其赋能智能制造。在这个过程中，模式升级是至关重要的，它包括新的思维方式、技术集成和组织变革，以实现更高级别的智能制造。本节将详细叙述5G赋能智能制造模式升级的关键方面和要点。

一、智能制造的发展阶段

要理解5G赋能智能制造模式升级的重要性，首先需要了解智能制造的发展阶段。智能制造通常经历以下三个发展阶段。

1. 数字化制造

数字化制造构成了智能制造的基石，其核心在于实现各个环节的数字化。通过应用数字化技术和系统，设计、制造、营销和服务等环节的信息和业务得以数字化，构建起一条覆盖产品全生命周期和企业全价值链的数字主线。这不仅推动了企业制造模式的转型升级，如实现个性化定制和数字化制造供应链，而且超越了单一产线或设备的数字化改造，以及单一信息系统的建设。数字化制造的意义，在于它打通了企业内部的数据链路，确保了数据信息在制造过程中的无缝流动。通过对这些数据的深入分析，企业能够获得对设备、产线乃至整个工厂运营过程的实时洞察。[①]

2. 智能制造

这一阶段加强了数字化制造，引入了更多的智能化元素，如机器学习、人工智能和自动化决策。生产过程变得更加智能，能够实现自主优化和自适应性。

3.5G 赋能智能制造

5G 技术的引入为智能制造注入了新的活力。高带宽、低延迟和大规模连接的 5G 网络使得智能制造更加强大和灵活，同时带来了模式升级的机会。

二、5G 赋能智能制造的关键方面

1. 高度互联的设备和传感器网络

5G 的大规模连接性能使制造企业能够在工厂内部连接大量的传感器、自动化设备和机器人。这种高度互联的网络可以实现实时监控、追踪和协同工作，为生产过程提供更多数据来源和决策支持。

2. 实时数据分析和决策支持

5G 的低延迟和高带宽使得实时数据分析和决策支持成为可能。制造企业可以实时监测生产过程、产品质量和设备性能，以及快速作出决策应对突发事件或优化生产。

3. 边缘计算的应用

边缘计算技术允许数据在离数据源更近的地方进行处理和分析，而不是传输到云端。这降低了延迟，提高了响应速度，对于要求实时性的智能制造应用尤为重要。

4. 人机协作和智能机器人

5G 技术为人机协作和智能机器人提供了更多机会。机器人可以通过 5G 网络接收实时指令，与人员协同工作，从而提高生产效率和灵活性。

---

① 智能制造有哪些发展阶段？企业推进数字化制造容易走进什么误区？ [EB/OL].（2024-07-31）[2024-08-01]https://www.bilibili.com/read/cv36547546/?jump_opus=1

5. 质量控制和故障预测

5G 赋能的智能制造可以实现更高级别的质量控制和故障预测。通过实时数据分析和机器学习，制造企业可以检测潜在的质量问题并采取措施，同时预测设备故障以减少停机时间。

6. 资源优化和绿色制造

5G 赋能的智能制造有助于资源的更好管理和优化，包括能源、材料和人力资源。这有助于推动绿色制造和可持续发展。

三、模式升级的关键要点

1. 领导力和文化变革

模式升级需要领导层的支持和文化变革。领导层应该认识到 5G 技术的潜力，并鼓励员工接受新的智能制造方法和思维方式。

2. 技术集成和协同合作

5G 赋能智能制造涉及多个技术领域的集成，包括通信、数据分析、人工智能和自动化等。制造企业需要确保这些技术之间的协同合作，以实现整体效益。

3. 安全和隐私保护

随着智能制造的升级，数据的安全性和隐私保护变得更为重要。企业应制定严格的安全政策和措施，以保护敏感数据。

四、培训和技能发展

智能制造的模式升级需要员工具备新的技能和知识。制造企业应该投资于培训和技能发展计划，确保员工能够适应新的技术和工作方式。

1. 数据治理和标准化

有效的数据治理是智能制造的关键。制造企业需要建立数据管理和标准化流程，以确保数据的准确性、一致性和可信度。

2. 智能制造生态系统的建立

制造企业可以考虑建立智能制造生态系统，与供应商、合作伙伴和创新公司合作，共同推动技术创新和应用开发。这种生态系统可以加速智能制造的发展和模式升级。

3. 监测和评估

模式升级不是一次性的过程，而是一个持续演进的过程。制造企业需要建立监测和评估机制，定期审查智能制造的效果，并进行必要的调整和改进。

五、案例研究：基于 5G 的智能制造模式升级

为了更好地理解 5G 赋能智能制造模式升级的实际应用，以下是基于 5G 的智能制造案例研究。

案例：智能工厂的数字转型

1. 背景

一家制造业公司决定实施数字转型，以提高生产效率、质量和生产灵活性。他们选择了 5G 技术作为关键的赋能工具。

2. 关键技术和模块

（1）5G 通信技术：部署了 5G 网络，提供高带宽和低延迟的通信，连接了大量的传感器、自动化设备和机器人。

（2）边缘计算：在工厂内部设置了边缘计算服务器，用于实时数据处理和决策支持。

（3）IoT 和传感器技术：部署了大量的传感器和 IoT 设备，用于监测生产过程和产品质量。

（4）人工智能和机器学习：实施了机器学习算法，用于质量控制和故障预测。

（5）应用层：开发了多个应用，包括生产计划和排程、质量控制、设备维护和物流管理。

3. 结果

通过 5G 赋能的数字转型，该公司取得了显著的成果。生产效率提高了30%，质量问题减少了 50%，生产灵活性提高了 20%。同时，能源消耗降低了15%，对环境的影响减小了。

5G 赋能智能制造模式升级是制造业迈向更高级别的数字化、自动化和智能化的重要一步。它涉及技术的整合、文化的变革和组织的升级，需要制造企业积极投资和采取行动。通过充分利用 5G 技术的潜力，制造企业可以实现更高水平

的生产效率、质量控制、故障预测和生产灵活性，从而提高竞争力并为可持续发展作出贡献。随着 5G 技术的不断发展和普及，可以预见智能制造将迎来更大的变革和进步。

第四章　5G 赋能智能制造的典型应用场景

第一节　智能制造前端

5G 技术的引入对智能制造领域的影响是深远的，特别是在智能制造前端的应用，它不仅推动了制造业的数字化和智能化转型，而且还极大地提升了生产效率、产品质量和制造灵活性。5G 在智能制造前端的应用包括以下八个方面。

第一，设计与开发阶段的创新。在产品设计和开发阶段，5G 技术通过提供高速、大容量的数据传输能力，使得设计团队能够实时协作，即使成员分布在全球各地。使用高速 5G 网络，设计师可以在云平台上共享和编辑大型设计文件，实现设计过程的实时迭代和优化，大幅缩短产品从概念到市场的时间。此外，5G 还使得虚拟现实（VR）和增强现实（AR）技术在设计和原型制作中的应用成为可能，设计师可以通过 VR/AR 技术直观地评估和修改设计，提高设计的准确性和效率。

第二，生产准备与模拟。在生产准备阶段，5G 的应用使得生产线的虚拟模拟和测试变得更加高效和精准。通过利用 5G 网络传输的大量数据，制造商可以在数字孪生（Digital Twin）模型中模拟生产过程，精确预测生产线的表现，从而在实际生产前优化生产流程和设备配置。这种方法不仅提高了生产效率，还有助于降低生产成本和减少资源浪费。

第三，智能物流与供应链管理。5G 技术在智能物流与供应链管理方面的应用，极大地提高了物料处理的速度和精准度。通过 5G 网络连接的物流系统可以实时跟踪物料的位置和状态，确保物料按时到达生产线，减少生产延迟。同时，利用 5G 网络的高速数据传输能力，供应链管理系统能够实时分析供应链数据，动态调整供应链策略，以应对市场需求的变化，提高供应链的灵活性和响应速度。

第四，自动化生产线的优化。5G 技术对生产线自动化的影响尤为显著。5G 网络低延迟的特性使得机器人和自动化设备能够实时通信，实现更加精准和灵活的控制。在自动化生产线上，5G 可以支持高密度的机器人协作，无缝完成复杂的生产任务，从而显著提高生产效率和灵活性。此外，5G 还支持对生产设备的远程监控和维护，通过预测性维护减少设备故障和生产中断，进一步提高生产线的稳定性和可靠性。

第五，质量控制与检测。在智能制造的质量控制环节，5G 技术通过支持高速数据的实时传输，使得实时质量监控成为可能。利用连接到 5G 网络的高分辨率摄像头和传感器，可以对生产过程中的产品进行实时监控和质量检测，及时发现并纠正生产缺陷，保证产品质量。此外，结合人工智能技术，可以对收集到的数据进行深度分析，不断优化生产过程和提高产品质量。

第六，客户定制化生产。5G 技术的高速度和低延迟特性，使得制造业能够更加灵活地响应客户的定制化需求。通过 5G 网络连接的智能制造系统可以实时接收客户的定制化订单，快速调整生产线上的生产参数，实现小批量、高变化的定制化生产。这种生产模式不仅满足了市场对个性化产品的需求，也提高了制造业的市场竞争力。

第七，能源管理与优化。在智能制造领域，5G 技术还可以实现更加高效的能源管理和优化。通过连接 5G 网络的传感器和监控系统，制造企业可以实时监控能源消耗、分析能源使用数据、优化能源分配、减少能源浪费。此外，利用 5G 网络的高速数据传输能力，可以实现对生产过程中能源消耗的实时控制，进一步提高能源使用效率，降低生产成本。

第八，安全与监控。5G 网络的高速度和低延迟特性还为智能制造领域的安全监控提供了强有力的支持。通过连接 5G 网络的摄像头和传感器，制造企业可以实时监控生产现场的安全状况，及时发现并处理安全隐患，保障员工安全。此外，5G 技术还可以支持无人机等设备的使用，进行难以到达区域的安全检查，进一步提高生产安全性。

第二节　智能制造生产端

5G 技术在智能制造生产端的应用，正逐步成为推动"工业 4.0"发展的关键力量。通过 5G 网络的高带宽、低延迟和大连接数特性，制造业得以实现生产过程的高效率、高质量和高灵活性。

　　5G 技术的引入极大地推进了智能工厂的建设和自动化生产的实现。在智能工厂中，通过 5G 网络连接的机器人、自动化设备和生产线可以实时交换数据，实现精准的生产控制和管理。这种高速的数据交换能力使得生产过程更加灵活，能够快速地响应市场变化和客户需求，同时提高生产效率和降低错误率。

　　5G 网络的低延迟特性使得远程控制和维护成为可能。在复杂或危险的生产环境中，操作员可以通过远程控制中心，利用 5G 网络实时控制生产设备，进行精确的操作。此外，5G 技术还可以实现对生产设备的远程诊断和维护，通过实时监控设备状态，预测维护需求，减少意外停机时间，提高生产连续性。

　　5G 技术在智能制造生产端的另一个重要应用是质量控制和检测。通过部署高精度传感器和相机，并将它们通过 5G 网络连接，可以实现生产过程中的实时质量监控。这些设备可以捕获生产缺陷，及时反馈给控制系统进行调整，从而保证产品质量，减少废品率。

　　数字孪生是 5G 赋能智能制造的另一项关键技术，它通过创建物理生产系统的虚拟副本，允许制造商在虚拟环境中模拟、分析和测试生产过程。5G 网络支持的高速数据传输和实时数据处理能力，使得数字孪生技术能够实时反映生产现状，帮助制造商优化生产布局、提高生产效率和减少能源消耗。

　　5G 技术极大地扩展了物联网在智能制造中的应用潜力。通过 5G 网络，可以将成千上万的传感器、设备和机器连接起来，实现生产过程的全面监控和智能管理。这种广泛的连接性不仅提高了生产过程的透明度，还促进了数据驱动的决策，为优化生产流程、减少浪费和提高能效提供了基础。

　　5G 技术赋能的智能制造正在彻底改变生产端的工作方式，它通过提供高速度、低延迟和广连接性的通信基础，支持了自动化、远程操作、质量控制、数字孪生和物联网等多种先进技术的应用。这些应用不仅提升了生产效率和产品质量，还为制造业的数字化转型和创新发展开辟了新路径。随着 5G 技术的持续发展和应用，预计未来智能制造将继续向着更加高效、灵活和智能的方向发展，推动全球制造业实现新的飞跃。

第三节　智能制造终端

5G 赋能智能制造的典型应用场景涵盖了多个领域，其中智能制造终端是实际参与和执行智能制造任务的设备或系统。智能制造终端通常是与工厂车间内的设备、传感器、自动化系统以及工人直接相关的，它们利用 5G 技术的高带宽、低延迟和大规模连接来实现更智能、灵活、高效的生产过程。以下是典型的 5G 赋能智能制造应用场景，包括了智能制造终端的应用。

1. 智能机器人和自动化设备

智能机器人和自动化设备是智能制造终端的重要组成部分。它们通过 5G 网络连接中央控制系统，能够实时接收指令、传输数据和与其他设备协同工作。例如，智能机器人可以用于装配、焊接、包装和运输，而自动化设备可以用于加工、切割和注塑等任务。

2. 传感器网络

传感器是智能制造终端中的关键组件，它们能够监测各种生产参数和环境条件，并将数据传输到中央系统进行分析和决策。5G 网络允许大规模的传感器网络在工厂内部连接，实现实时数据采集和监控。这些传感器可以用于监测温度、湿度、压力、振动、电流、电压等参数，以支持生产过程的优化和质量控制。

3. 可穿戴设备

可穿戴设备（如智能眼镜、智能手表和智能手套）可以作为智能制造终端，提供工人与中央系统的连接。这些设备可以用于实时通信、工作指导、培训和监测工人的健康和安全。例如，工人可以通过智能眼镜查看装配说明，或者使用智能手套来监测手部动作。

4. 移动机器人

移动机器人通常用于物料搬运、库存管理和巡检任务。5G 赋能的移动机器人可以通过高速的 5G 网络进行实时路径规划、避障和协作。这些机器人可以在工厂内部移动，根据生产需求自动执行任务。

5. 自动导向车（AGV）

AGV 是用于自动化物流和运输的智能制造终端。它们可以在工厂内部运输原材料、半成品和成品，从而提高物流效率。5G 技术可以使 AGV 之间和与中央系统之间实现实时通信，以协同工作和避免碰撞。

6. 人工智能和机器学习系统

人工智能和机器学习系统可以被视为智能制造终端，因为它们能够利用实时数据进行分析、预测和决策。这些系统可以用于质量控制、故障预测、生产计划和排程等任务。

总之，智能制造终端是实际执行和监控智能制造任务的设备和系统。它们与 5G 技术的结合可以实现更高效、智能和灵活的生产过程，提高生产效率和质量。这些终端包括机器人、传感器、可穿戴设备、移动机器人、AGV、人工智能和机器学习系统等，它们共同构建了智能制造的核心。

第二部分　供应链管理

第五章　供应商管理概述

第一节　供应商管理的意义

一、供应商的功能

供应商在各行各业的供应链中扮演着至关重要的角色，他们不仅是商品和服务的提供者，更是推动行业发展、创新和竞争力提升的关键力量。供应商的功能广泛，涵盖了从原材料供应到成品交付、从技术支持到服务创新等多个方面。

1. 原材料和商品供应

供应商的基本功能是为下游企业提供原材料、半成品或成品，确保生产和经营活动的连续性。他们通过高效的物流和分销网络，保障产品按时交付，满足市场需求。在许多行业，如制造业、零售业和建筑业，供应商提供的原材料或商品质量直接影响最终产品的质量和性能。因此，供应商在保证材料质量和供应稳定性方面发挥着关键作用。

2. 技术支持与创新

随着市场竞争的加剧和技术的快速发展，供应商在提供技术支持和驱动创新方面的作用日益凸显。他们通过研发新材料、新工艺或新技术，帮助下游企业改进产品性能、提高生产效率或降低成本。在高科技行业，供应商的技术创新能力甚至直接决定了整个供应链的竞争力。

3. 市场信息与趋势分析

供应商处于供应链的上游，他们对原材料市场的变化、技术发展趋势和消费者需求有着深刻的了解。通过与供应商的合作，下游企业可以获得宝贵的市场信息和趋势分析，帮助企业作出更为精准的市场定位和产品策略调整。供应商的这一功能对于企业快速响应市场变化、把握商机具有重要意义。

4. 成本控制与效率提升

在成本敏感型行业，供应商通过规模经济、工艺优化和有效的成本控制，为下游企业提供性价比高的原材料和产品，帮助其降低采购成本、提高生产效率。此外，供应商还能通过供应链管理的优化，如缩短交货周期、提供定制化服务等，进一步提升整个供应链的运作效率和灵活性。

5. 风险管理与应对

供应商在供应链风险管理中也扮演着重要角色。他们通过多样化的原材料来源、灵活的生产能力和稳定的物流网络，帮助下游企业应对市场波动、原材料短缺或物流中断等风险。此外，供应商还可以与企业共同开发应急计划，确保在突发事件中快速恢复生产和供应。

6. 社会责任与可持续发展

在全球化和社会责任日益受到重视的今天，供应商在推动可持续发展方面也起到了重要作用。他们通过采用环保材料、节能减排的生产工艺和负责任的劳工政策，不仅提升了自身的可持续发展能力，也帮助下游企业实现了环境保护和社会责任的目标。供应商的这些做法有助于整个供应链的绿色转型，提高企业的社会形象和市场竞争力。

7. 合作伙伴关系建设

在现代供应链管理理念中，供应商不仅是简单的商品或服务提供者，更是长期的合作伙伴。通过建立长期稳定的合作关系，供应商与下游企业可以共享资源、信息和技术，共同应对市场挑战。这种伙伴关系有助于双方更好地协同工作，提高反应速度，创造更高的价值。

8. 提供定制化服务与解决方案

随着市场需求的日益多样化和个性化，供应商提供定制化服务和解决方案成为其重要功能之一。供应商通过深入了解下游企业的特定需求，提供量身定制的产品或服务，帮助企业满足特定市场的需求，增强产品的竞争力。这种服务尤其在高端制造业、信息技术服务业等领域显得尤为重要。

9. 跨界合作与产业链整合

在全球经济一体化的背景下，供应商通过跨界合作，与不同行业的企业共同开发新产品、新技术，推动产业链整合和创新。这种跨界合作不仅有助于供应商拓展业务范围，也为下游企业提供了新的增长点和竞争优势。

供应商的功能远不止于提供商品和服务那么简单，他们是供应链管理中不可或缺的一环，对于提高供应链的效率、促进技术创新、实现可持续发展等方面都有着重要贡献。随着全球经济环境的变化和市场竞争的加剧，供应商的角色和功能将会更加多元化和复杂化，对企业的供应链战略和管理能力提出了更高要求。未来，如何深化与供应商的合作，充分发挥供应商的功能和潜力，将是企业实现长期成功的关键。

二、供应商管理的重要性

供应商管理是现代供应链管理中的一个关键组成部分，它不仅关系到企业的日常运营效率，还直接影响产品质量、成本控制、市场响应速度以及最终的顾客满意度。

供应商管理重要性具体体现在以下六个方面。

第一，供应商管理确保了供应链的稳定性和可靠性。通过对供应商进行评估和选择，企业可以确保其供应商持续提供高质量的原材料或服务，这对于维护生产流程的连续性至关重要。供应商的可靠性对于应对市场需求波动、原材料价格变动或供应中断等不确定性因素具有重要意义。

第二，提高产品质量和满足顾客需求。供应商管理通过确保供应商的质量标准符合企业的需求，从而间接提高了最终产品的质量。通过与供应商建立良好的合作关系，企业可以更好地控制产品规格、提高产品一致性，并及时响应市场变化，满足顾客的需求和期望。

第三，成本控制和价值最大化。有效的供应商管理帮助企业在采购原材料和服务时实现成本效益的最优化。通过谈判更优惠的采购价格、改进采购流程和策略，企业能够降低成本。此外，通过分析供应商的生产能力和效率，企业可以识别和实施价值工程项目，进一步降低成本并提高价值。

第四，促进创新和持续改进。与技术先进和创新能力强的供应商建立合作关系，可以为企业带来新的思路和解决方案，促进产品和服务的创新。通过共享资源和知识，企业和供应商可以共同工作，开发新产品，改进现有产品，提高竞争力。

第五，增强企业的社会责任和可持续发展。在全球化的商业环境中，企业越来越重视社会责任和可持续发展。通过对供应商的管理，企业可以确保其供应链符合环境、社会和公司治理（ESG）标准。这包括确保供应商遵守劳动法，不使用童工，实施环保措施，以及采取公平交易实践。这不仅有助于提升企业形象，还能够吸引那些重视可持续发展的顾客和投资者。

第六，增强供应链的透明度和灵活性。通过有效的供应商管理，企业可以增加供应链的透明度，更好地监控和管理供应链风险。这包括对供应商进行定期评估，监控其性能指标，以及建立紧急应对机制来处理可能的供应中断。此外，通过建立多元化的供应商基础，企业可以增加供应链的灵活性，从而更好地应对市场变化和风险。

供应商管理的重要性在于它直接影响企业的运营效率、成本控制、产品质量、市场竞争力以及长期的可持续发展。通过实施有效的供应商管理策略，企业不仅能够保证供应链的稳定性和可靠性，还能够在竞争激烈的市场环境中获得优势。因此，企业应当重视供应商管理，作为提升整体业务绩效和实现长期成功的关键策略之一。

三、供应商管理的内容

供应商管理是一个多方面的过程，涉及从供应商选择、评估、合作到绩效监控等多个环节。它不仅关系到采购成本和效率，还影响企业的产品质量、市场竞争力和品牌声誉。供应商管理包括以下七个步骤。

供应商选择是供应商管理的第一步，涉及确定潜在供应商、评估其能力、比较并最终选择最适合的供应商。这个过程通常包括对供应商的财务稳定性、生产能力、质量控制体系、交付能力、技术和创新能力、环境和社会责任等方面的评估。选择合适的供应商是确保供应链稳定和高效运作的基础。

供应商关系管理是供应商管理的第二步，旨在建立和维护与供应商之间的长期合作关系。这包括定期的沟通、信任建立、共同目标的设定、合作协议的谈判和签订等。良好的供应商关系有助于提高供应链的透明度和灵活性，促进信息共享，提高响应速度和效率。

供应商绩效监控和评价是供应商管理的第三步，旨在确保供应商的表现满足企业的要求。这通常涉及对供应商交付的质量、成本、交付时间、服务和支持等方面的定期评估。通过绩效评价，企业可以识别供应商的改进区域，提供反馈，促进供应商的持续改进和发展。

识别和管理与供应商相关的风险是供应商管理的第四步。这包括供应中断、质量问题、价格波动、合规风险等。通过对供应链的风险进行评估和管理，企业可以制定有效的风险缓解策略，如建立多元化的供应商基础、签订长期合同、建立备用供应源等，以减少对单一供应商的依赖和潜在的风险。

成本管理是供应商管理的第五步，旨在通过有效的采购策略和谈判技巧，实现成本效益最大化。这包括采购成本的谈判、价值工程、总拥有成本（Total Cost of Ownership，TCO）分析等。通过成本管理，企业可以降低采购成本，提高利润率。

合同管理是供应商管理的第六步，涉及合同的谈判、签订、执行和修改。有效的合同管理确保双方的权利和义务明确，风险得到合理分配，以及在合同执行过程中出现的任何问题可以得到及时解决。

鼓励和促进持续改进及创新是供应商管理的第七步，也是提高竞争力的关键。这涉及与供应商合作，共同开发新产品、改进生产工艺、降低成本、提高质量等。通过持续改进和创新，企业和供应商可以共同成长，适应市场变化，满足顾客需求。

供应商管理是一个复杂且至关重要的过程，涵盖了从供应商选择、关系建立、绩效监控到风险管理等多个方面。有效的供应商管理不仅可以提高供应链的效率和稳定性，还可以提升产品质量、降低成本、增强市场竞争力。因此，企业应投入必要的资源和精力，建立和维护一个高效、可靠和灵活的供应商管理系统。

四、供应商管理常见的问题及解决策略

在供应商管理过程中，企业可能会面临多种挑战和问题。有效识别并应对这些问题对于保证供应链的顺畅运作和企业的整体成功至关重要。以下是供应商管理中常见的一些问题及其详细叙述。

1. 供应商选择和评估错误

（1）问题描述：错误的供应商选择可能导致质量问题、供应不稳定、成本过高等问题。评估标准不准确或信息不充分会导致选择不适合的供应商。

（2）解决策略：建立全面的供应商评估体系，包括财务状况、生产能力、

质量控制标准、信誉和历史绩效等。

2. 缺乏有效的沟通和协作

（1）问题描述：与供应商之间沟通不畅会导致误解、延迟和错误，影响供应链效率。

（2）解决策略：建立定期的沟通机制，使用共享的 IT 平台进行数据交换，促进信息透明化。

3. 合同管理不当

（1）问题描述：不恰当的合同谈判、模糊的合同条款或者合同执行不力，可能导致争议和额外的成本。

（2）解决策略：明确合同条款，进行有效的合同谈判，确保双方的权益，以及定期监控合同履行情况。

4. 供应商绩效不达标

（1）问题描述：供应商未能达到预期的绩效标准，如交货延迟、质量问题或服务不满意等。

（2）解决策略：设定清晰的绩效指标，定期评估供应商绩效，并提供反馈和改进建议。

5. 供应链风险管理不足

（1）问题描述：未能有效识别和管理供应链风险，如供应中断、价格波动等，可能导致运营中断或成本上升。

（2）解决策略：建立风险管理机制，包括风险识别、评估和应对策略，如建立备选供应源。

6. 缺乏合规性和道德标准

（1）问题描述：供应商不遵守法律法规或企业道德标准，可能导致法律风险和企业声誉受损。

（2）解决策略：确保供应商遵守相关法规和道德标准，进行定期审查和评估。

7. 技术兼容性和整合问题

（1）问题描述：技术平台和系统不兼容，导致信息流转不畅和协作困难。

（2）解决策略：在选择供应商时考虑技术兼容性，推动技术整合和共享平台的建设。

8. 成本控制和价值分析不足

（1）问题描述：未能有效控制采购成本，或未充分利用供应商的潜在价值，可能导致过高的运营成本和资源浪费。

（2）解决策略：进行成本效益分析，与供应商合作寻求成本降低和价值增加的机会。

9. 对市场变化反应不足

（1）问题描述：在市场需求快速变化的情况下，未能及时调整供应商策略，可能导致机会损失。

（2）解决策略：建立灵活的供应链管理系统，及时响应市场变化，调整供应计划。

10. 缺乏持续改进和创新机制

（1）问题描述：缺乏激励供应商持续改进和创新的机制，可能导致竞争力下降。

（2）解决策略：鼓励供应商参与改进和创新活动，共同开发新技术和解决方案。

供应商管理的问题需要通过综合策略和系统方法来解决。这包括改善内部流程、加强与供应商的沟通和合作、采用先进的技术工具，以及建立有效的监控和评估机制。通过这些措施，企业可以优化其供应链的性能，降低风险，提升整体竞争力。

第二节　供应商关系模式

一、竞争模式

在供应商关系模式中，竞争模式是一种基于市场竞争原则构建的供应商管理策略。这种模式强调价格、质量和服务等关键因素的竞争，以此来确保获取最佳的供应条件和优化企业成本结构。以下是竞争模式的详细叙述。

1. 竞争模式的定义

竞争模式是一种以市场竞争为基础的供应商管理方式。在这种模式下，供应商之间通过竞争来赢得企业的订单，而企业则利用这种竞争来谋求更低的采购成本、更高的产品质量和更优的服务水平。

2. 竞争模式的特点

（1）价格驱动：强调通过竞争来降低价格，企业通常选择提供最低报价的供应商。

（2）多供应商策略：企业通常不与单一供应商建立深入的合作关系，而是保持多个供应商之间的竞争。

（3）短期合同：倾向于使用短期合同，以保持灵活性，定期重新评估和选择供应商。

（4）质量和服务竞争力：除价格外，供应商还需要在质量和服务等方面展开竞争。

3. 竞争模式的优点

（1）成本效益：通过竞争可以实现更低的采购成本。

（2）市场适应性：灵活的供应商选择使企业能够快速适应市场变化。

（3）创新激励：竞争环境激励供应商不断进行技术和服务创新。

（4）风险分散：多供应商策略有助于分散供应链风险。

4. 竞争模式的缺点

（1）关系疏远：缺乏长期合作关系，可能导致供应商投入不足和合作短视。

（2）质量风险：过分强调成本可能牺牲产品质量。

（3）供应不稳定：频繁更换供应商可能导致供应不稳定和管理成本上升。

（4）合作缺乏深度：缺乏深入合作可能限制了创新和持续改进的机会。

5. 竞争模式的应用

（1）标准化产品：对于标准化、易于替代的产品或服务，竞争模式更为适用。

（2）成熟市场：在供应商众多且市场竞争激烈的情况下，竞争模式可以有效地降低成本。

（3）价格敏感度高的采购：对于价格敏感度高的采购项目，采用竞争模式可以实现成本最小化。

总体来说，采用竞争模式的供应商管理策略需谨慎实施，以确保在降低成本的同时不牺牲产品质量和供应链稳定性。企业需要不断评估市场变化，灵活调整策略，并在必要时与供应商建立更紧密的合作关系。通过这种平衡和动态的管理方法，企业可以充分利用市场竞争的优势，同时规避潜在的风险和挑战。

二、合作模式

在供应链管理中，供应商关系模式是指企业与其供应商之间建立和维护关系的方式。其中，"竞争模式"是一种常见的模式，主要基于市场竞争的原则进行供应商管理。这个模式的核心是通过竞争机制来确保采购方能够获得最优质的商品和服务以及最有利的交易条件。以下是对竞争模式的详细描述，包括特点、应用场景、优点缺点等方面。

1. 特点

（1）价格竞争：在竞争模式下，供应商为了赢得订单，往往通过提供较低的价格来吸引采购方。这种价格竞争有助于采购方降低成本，但同时可能会导致供应商之间的恶性竞争。

（2）质量竞争：除价格外，供应商还会通过提高产品或服务的质量来获得竞争优势。这促进了整个供应链的质量提升，有利于提高最终产品的竞争力。

（3）创新和技术竞争：为了在竞争中脱颖而出，供应商会不断进行技术创新和产品改进，从而提供更加先进和高效的解决方案。

（4）灵活性和响应速度：在竞争模式中，供应商需要能够快速响应市场变化和采购方的需求变动，提供灵活的服务。

（5）多供应商策略：采购方通常会与多个供应商建立关系，以确保供应的稳定性，同时激发价格和质量方面的竞争。

（6）短期合同和交易导向：与长期合作关系相比较，竞争模式下的合同通常基于短期和特定交易，重视即时的成本效益分析。

2. 应用场景

竞争模式适用于以下情况：（1）产品或服务标准化程度高，供应商众多。（2）市场变化快速，需要频繁调整供应链策略。（3）采购物品不涉及核心竞争力或对企业战略重要性较低。（4）寻求短期成本效益而非长期合作关系。

3. 优点

（1）成本效益：通过竞争，可以有效降低采购成本。

（2）质量保障：竞争促进供应商提升产品和服务质量。

（3）市场敏感性：竞争模式下的企业对市场变化更为敏感，能够快速适应需求变化。

（4）创新驱动：激烈的竞争环境促进技术创新和产品改进。

4. 缺点

（1）关系稳定性差：过度的价格竞争可能导致供应商关系短暂和不稳定。

（2）合作缺乏深度：重视短期交易可能忽略长期合作的深度和潜在价值。

（3）风险管理难度增加：多供应商策略可能导致供应链管理更加复杂和风险增加。

（4）恶性竞争风险：价格战可能损害行业健康发展和供应商的利益。

5. 实施策略

为有效实施竞争模式，企业应该设定清晰的供应商评估标准，包括价格、质量、交货时间等。确保供应商选择过程的公平性和透明度。建立风险评估机制，监控供应链中的潜在风险。持续进行市场研究，以理解行业动态和供应商的变化。

竞争模式是一种有效的供应商管理方式，特别适用于动态变化和高度竞争的市场环境。然而，企业在采用此模式时也需要注意其潜在的缺点，比如关系稳定性和长期合作的缺失。因此，选择适合自身业务需求和市场状况的供应商关系模式至关重要。

第三节　供应商管理机制

供应商管理机制是指企业如何系统地选择、评估、管理和发展与其合作的供应商的一系列过程和方法。这个机制的目的是建立和维护一种高效、可靠、互惠互利的供应商关系，以确保供应链的稳定性和效率。

一、供应商准入制度

供应商准入制度是企业在选择和评估供应商之前所设定的一系列标准和流

程，用以确保供应商符合企业的需求和合规要求。这个制度的主要目的是建立一个高效、可靠并能符合企业战略目标的供应商网络。以下是对供应商准入制度的详细描述，包括其目的、内容、步骤和方法等方面。

1. 目的和重要性

供应商准入制度的目的是确保供应商能够满足企业的质量、成本、交货、服务和合规等方面的要求。一个有效的准入制度能够帮助企业：提高供应链的整体效率和性能；减少运营风险，如供应中断、质量问题等；保持企业的声誉和合规性；提升企业对市场变化的响应能力。

2. 准入制度的主要内容

（1）制定准入标准。①质量标准：供应商必须符合特定的质量管理体系，如 ISO 9001 等。②成本和价格：供应商提供的价格需要具有竞争力，并能在成本效益上满足企业需求。③交货能力：供应商必须能够保证交货的及时性和准确性。④技术和创新能力：评估供应商的技术水平和创新能力，确保其能跟得上企业的发展需求。⑤可持续性和社会责任: 供应商应遵守环保、社会责任等相关标准。

（2）供应商甄选流程。①市场调研：识别并收集潜在供应商的信息。②初步筛选：基于设定的准入标准，进行初步筛选。③详细评估：对筛选后的供应商进行更深入的评估，包括财务状况、生产能力、技术水平等。

（3）审核和评审。①现场审核：对重要的供应商进行现场审核，检查其生产设施、工作环境、质量控制流程等。②法律合规性检查：确保供应商符合相关法律法规和行业标准。③参考验证：通过其他客户的反馈来验证供应商的表现。

（4）准入决策。基于以上所有信息和评估结果，决定是否接纳供应商进入供应链。

（5）明确协议。与通过准入评估的供应商签订合同，明确双方的权利和义务。

3. 实施步骤和方法

（1）制度制定和更新。①政策制定：制定清晰的准入政策和流程。②持续更新：根据市场和企业战略的变化定期更新准入标准。

（2）供应商数据库建立。①信息收集：建立一个包含潜在供应商信息的数据库。②动态管理：持续更新和维护数据库信息。

（3）团队构建。建立一个跨职能的团队来管理准入流程，包括采购、质量控制、生产、财务等部门。

（4）供应商关系管理。①沟通和反馈：与供应商保持良好的沟通，提供反馈和改进建议。②合作发展：鼓励和帮助供应商进行持续改进和发展。

供应商准入制度是企业供应链管理的一个关键组成部分，它帮助企业建立高效、可靠的供应商网络。通过明确和系统的准入流程，企业不仅能够保证供应链的稳定性和高性能，还能够提升企业的市场竞争力和品牌声誉。然而，这个制度的成功实施需要企业内部各个部门的密切合作和持续的管理努力。

二、供应商合理使用机制

供应商合理使用机制是企业供应链管理的一个重要组成部分，旨在高效、公平和可持续地利用供应商资源。这个机制涉及制定策略和流程，以确保与供应商的互动最大化企业利益，同时维护健康的供应商关系。以下是对供应商合理使用机制的详细描述，包括目的和重要性、关键内容、实施步骤和方法等方面。

1. 目的和重要性

供应商合理使用机制的目的是确保供应链的稳定性和效率。实现成本效益最大化。维护长期的供应商关系。提高供应链的透明度和合规性。支持企业的可持续发展目标。

2. 关键内容

（1）供应商选择和分类。①综合评估：根据质量、成本、交付能力等标准选择供应商。②分类管理：根据供应商的重要性和风险进行分类管理，如将供应商分为战略合作伙伴、关键供应商和普通供应商等。

（2）供应商关系管理。①合同谈判：与供应商就价格、交货期限、质量标准等进行合同谈判。②互惠互利：建立互惠互利的关系，确保双方都能从合作中获益。

（3）性能和风险管理。①性能监控：定期评估供应商的性能，包括质量、交付、成本等方面。②风险评估：识别和评估与供应商合作的潜在风险，并制定相应的缓解措施。

（4）持续改进和发展。①供应商发展：帮助供应商提升他们的能力和性能。

②创新合作：鼓励供应商进行创新，共同开发新产品或改进流程。

（5）供应链整合。①信息共享：与供应商共享关键信息，如需求预测、库存水平等。②技术整合：通过信息技术工具提高供应链的透明度和协作效率。

3. 实施步骤和方法

（1）策略制定。①明确目标：制定清晰的供应商管理目标和战略。②政策制定：制定关于如何合理使用供应商的政策和流程。

（2）供应商评估和选择。①全面评估：基于质量、成本、交付等标准对供应商进行全面评估。②选择标准：确立明确的供应商选择标准。

（3）合同管理和谈判。①合同条款：明确和供应商之间的合同条款，包括价格、交货期限、质量等。②谈判策略：采用有效的谈判策略，确保合同符合企业利益。

（4）性能和风险监控。①监控机制：建立供应商性能和风险的监控机制。②定期评审：定期对供应商的表现进行评审。

（5）持续改进和合作。①改进计划：与供应商一起制订改进计划。②创新合作：鼓励供应商参与创新和产品开发。

（6）技术和信息整合。①信息系统：利用 ERP 系统、供应链管理软件等工具提高供应链协作的效率。②共享信息：与供应商共享关键的供应链信息。

供应商合理使用机制是确保企业供应链高效运作的关键。通过有效的供应商管理，企业不仅可以实现成本节约和效率提升，还能建立稳定和持久的供应商关系，从而在竞争激烈的市场中获得优势。为了实现这些目标，企业需要制定明确的策略，建立全面的评估和监控体系，并与供应商保持密切的合作和沟通。通过持续的改进和发展，企业能够在动态变化的市场环境中保持其供应链的竞争力和可持续性。

三、供应商会见制

供应商会见制是指企业与其供应商之间定期进行的面对面会议，旨在加强双方的沟通、合作和关系管理。这种会见制度是供应商管理机制的一个重要组成部分，通过定期的交流，企业能够更好地理解和管理供应商，同时为供应商提供了向采购方反馈信息和建议的机会。以下是供应商会见制的详细介绍，包括其目的和重要性、会见内容、实施步骤和方法等方面。

1. 目的和重要性

供应商会见制的主要目的包括：

（1）加强沟通：提供一个面对面交流的平台，加强双方的沟通和理解。

（2）关系建设：通过定期的会见，建立和维护与供应商的关系。

（3）问题解决：及时讨论和解决在合作过程中遇到的问题。

（4）性能提升：评估和提升供应商的性能。

（5）市场信息共享：分享市场趋势、需求变化等信息，帮助供应商更好地适应市场。

（6）创新和改进：探讨创新机会和流程改进的可能性。

2. 会见内容

（1）性能评估。①质量和交付：评估供应商的产品质量和交货准时率。②成本管理：讨论成本节约和控制的策略。③服务和支持：评估供应商的客户服务和技术支持情况。

（2）问题解决。①讨论问题：讨论在合作过程中遇到的任何问题，如延迟交货、质量问题等。②共同解决方案：寻找问题的解决方案，并共同制定改进措施。

（3）市场和需求信息。①市场趋势：分享市场趋势和需求变化的信息。②产品开发：讨论新产品开发或现有产品的改进。

（4）合作和战略规划。①长期规划：讨论长期的合作计划和战略。②新机会：探索新的业务机会和合作领域。

（5）创新和技术交流。①技术更新：讨论技术进步和创新。②合作项目：探讨可能的合作项目和创新合作。

3. 实施步骤和方法

（1）会见计划和安排。①定期安排：制订定期会见的计划，如每季度或每年。②议程制定：提前制定会议议程，确保涵盖所有关键话题。

（2）参与者选择。确定参加会议的关键人员，包括采购、质量控制、产品开发等部门的代表。

（3）会前准备。①资料准备：收集必要的数据和信息，为会议做准备。②供应商通知：提前通知供应商会议时间、地点和议程。

（4）会议进行。①开放沟通：鼓励开放和诚实的沟通。②记录要点：记录会议中的讨论要点和决定事项。

（5）后续行动。①行动计划：制定会议后的行动计划和责任分配。②跟踪和反馈：跟踪实施情况，并提供必要的反馈。

供应商会见制是一个强大的工具，用于加强与供应商的合作和管理。通过定期的面对面会议，企业可以更好地理解供应商的需求和挑战，及时解决问题，共同探讨市场机会和创新可能性。成功的供应商会见制不仅能够提升供应链的性能，还能够增强企业的市场竞争力。然而，为了确保这种会见制度的有效性，需要良好的计划、组织和执行，以及持续的沟通和合作。

四、供应商评估机制

供应商评估机制是企业对其供应商进行系统性评价的一套方法和过程。这个机制的目的是确保供应商能够满足企业的要求，并持续提供高质量的产品和服务。它涉及多个方面，包括供应商选择、性能监控、风险管理、改进和发展等。以下是供应商评估机制的详细介绍，包括目的和重要性、评估内容、实施步骤和方法等方面。

1. 目的和重要性

（1）确保质量和性能：确保供应商能够满足企业的质量标准和性能要求。

（2）风险管理：识别和管理与供应商合作的潜在风险。

（3）成本效率：评估供应商的成本效率，以实现成本节约。

（4）持续改进：鼓励供应商持续改进其产品和服务。

（5）合作伙伴关系：建立和维护长期的合作伙伴关系。

2. 评估内容

（1）供应商资质评估。①财务稳定性：评估供应商的财务状况，确保其长期稳定供货能力。②生产能力：评估供应商的生产能力和规模。③质量控制体系：检查供应商的质量控制流程和认证，如 ISO 标准。

（2）供应商性能评估。①交货准时性：评估供应商的交货时间准确性。②产品质量：监控供应商产品的质量合格率。③服务水平：评估供应商的客户服务和技术支持能力。

（3）风险评估。①供应链风险：分析供应链中潜在的中断风险。②合规性风险：评估供应商是否遵守相关法律法规。

（4）成本评估。①成本分析：评估供应商的成本结构和价格竞争力。②总拥有成本：分析与供应商合作的总成本，包括采购成本、运输成本等。

（5）改进和创新能力评估。①改进计划：评估供应商的持续改进能力。②创新能力：评估供应商在产品和流程创新方面的能力。

3. 实施步骤和方法

（1）制定评估标准和流程。①标准制定：制定明确的评估标准和指标。②流程设计：设计评估的流程和时间表。

（2）信息收集和分析。①数据收集：收集有关供应商的财务、质量、交货等数据。②分析和评估：基于收集的数据进行综合分析和评估。

（3）现场审核。①审核安排：对重要的供应商进行现场审核。②审核执行：检查供应商的生产设施、质量控制过程等。

（4）评估结果的整合和报告。①结果整合：整合各方面的评估结果。②报告编制：制作供应商评估报告，并提供改进建议。

（5）沟通和反馈。①反馈会议：与供应商举行反馈会议，讨论评估结果。②改进计划：制订供应商改进计划，并跟踪执行情况。

（6）持续监控和重新评估。①定期监控：定期监控供应商的性能和风险。②周期性重新评估：按照预定的时间表重新评估供应商。

供应商评估机制是供应链管理中至关重要的一环。通过这一机制，企业能够确保供应商的性能和风险处于可控范围内，同时促进供应商的持续改进和发展。有效的供应商评估不仅有助于提升供应链的稳定性和效率，还能加强企业的竞争力。然而，为了保证评估机制的有效性，企业需要投入必要的资源进行细致的规划和执行，并与供应商建立开放的沟通和合作关系。

五、供应商激励机制

供应商激励机制是一套旨在提升供应商绩效、鼓励持续改进和创新、增强供应链合作的策略和方法。这种机制通过激励和奖励措施，引导供应商更好地满足采购企业的需求，同时实现共赢。以下是供应商激励机制的详细介绍，包括目的和重要性、内容、实施步骤和方法等方面。

1.目的和重要性

供应商激励机制的主要目的包括。①提高供应商绩效：通过激励措施提升供应商在质量、交货、成本等方面的表现。②促进创新和持续改进：激励供应商在产品和流程上进行创新和改进。③增强合作伙伴关系：通过激励机制加强与供应商的合作关系，实现互利共赢。④优化供应链管理：通过激励供应商，增加供应链的整体效率和效果。

2.内容

（1）绩效奖励。①奖励计划：根据供应商的绩效，如交货准时率、质量水平、成本节约等，提供奖励。②奖励形式：奖励可以是金钱奖励、额外订单、公认认证或奖杯等。

（2）改进和创新激励。①改进奖励：对于供应商提出的有效改进措施或创新提供激励。②共同开发项目：邀请表现出色的供应商参与新产品或流程的共同开发。

（3）长期合作激励。①长期合同：为表现良好的供应商提供更长期的合作合同。②合作发展计划：提供专业培训、技术支持等，帮助供应商提升能力。

（4）信息共享和沟通。①市场信息共享：与优秀供应商共享市场趋势、需求预测等信息。②定期沟通：设立定期沟通机制，及时反馈评价和改进建议。

（5）风险和利益共担。①利益共享：在特定项目上实行利益共享机制，如成本节约的共享。②风险分担：在面临市场变化或新项目投资时，与供应商共同分担风险。

3.实施步骤和方法

（1）制定激励政策和标准。①政策制定：制定清晰的激励政策，明确激励的条件、标准和形式。②标准公平性：确保激励标准的公正性和透明性。

（2）绩效评估体系。①绩效指标：制定量化的绩效评估指标。②定期评估：定期对供应商进行绩效评估。

（3）激励计划实施。①实施激励计划：根据评估结果执行相应的激励计划。②奖励发放：确保奖励的及时和公正发放。

（4）沟通和反馈。①沟通机制：建立有效的沟通机制，及时与供应商沟通激励计划和绩效评估结果。②反馈征询：征询供应商对激励计划的反馈，持续改进激励机制。

（5）监控和调整。①监控效果：监控激励计划的实施效果。②灵活调整：根据市场变化和供应商反馈灵活调整激励政策。

供应商激励机制对于促进供应商的绩效提升和创新非常重要，有助于加强供应链合作和提高整体效率。通过实施有效的激励机制，企业可以激发供应商的潜力，实现共赢。然而，为了确保激励机制的成功，需要企业投入时间和资源，制定合理的激励政策，建立公平透明的评估标准，以及保持与供应商的持续沟通和反馈。通过这些措施，企业可以更好地激励供应商，共同推动供应链的持续改进和发展。

六、供应商扶持机制

供应商扶持机制是指企业采取的一系列策略和措施，旨在帮助供应商提升其业务能力、改善运营效率、增强市场竞争力，从而加强整个供应链的稳定性和效率。这种机制通常包括技术支持、财务援助、培训与发展、合作与创新等多个方面。以下是供应商扶持机制的详细介绍，包括其目的、扶持机制内容、实施步骤和方法等方面。

1. 目的和重要性

供应商扶持机制的主要目的包括。①增强供应链稳定性：通过帮助供应商提升能力，增强整个供应链的稳定性和可靠性。②提高供应商效率和质量：帮助供应商改善生产流程，提高产品质量和交付效率。③促进创新和持续改进：鼓励供应商不断创新，与采购企业共同发展。④建立持久合作关系：通过扶持机制，建立长期、稳固的供应商关系。

2. 扶持机制内容

（1）技术支持和合作。①技术交流：分享先进的技术信息，提供技术咨询和支持。②共同研发：与供应商共同进行产品和工艺的研发。

（2）财务援助和投资。①直接投资：对关键供应商进行直接投资，帮助其扩大生产能力。②贷款和信贷支持：提供贷款或信贷便利，帮助供应商解决资金问题。

（3）培训与发展。①技能培训：为供应商员工提供技能培训，提高其生产效率和质量管理能力。②管理培训：提供管理培训，帮助供应商提升业务管理水平。

（4）市场信息共享。①市场趋势：分享市场趋势和需求变化信息，帮助供应商更好地适应市场。②需求预测：提供需求预测信息，帮助供应商进行生产计划和库存管理。

（5）合作与创新。①合作项目：启动合作项目，促进双方在新产品开发或服务改进方面的合作。②创新激励：提供创新激励，鼓励供应商进行产品和流程创新。

3. 实施步骤和方法

（1）需求分析和规划。①供应商评估：评估供应商的能力和需要，确定扶持的重点领域。②规划制定：制订详细的供应商扶持计划和目标。

（2）资源分配。①资源分配：根据规划分配必要的资源，包括资金、技术、人员等。②合作协议：与供应商签订合作协议，明确双方的责任和义务。

（3）执行与实施。①项目执行：执行技术支持、培训、合作项目等扶持活动。②监督管理：监督扶持项目的进展，确保目标的实现。

（4）性能评估和反馈。①效果评估：定期评估扶持活动的效果，包括供应商性能的提升、项目的进展等。②反馈循环：建立反馈机制，收集供应商的反馈，不断改进扶持计划。

（5）持续改进和调整。①持续监控：持续监控供应商的性能和需求变化。②计划调整：根据评估结果和市场变化调整扶持计划。

供应商扶持机制是企业供应链管理的重要组成部分，它不仅有助于提升供应商的能力和效率，也有助于加强供应链的整体竞争力。通过实施有效的供应商扶持机制，企业可以建立更稳固的供应商关系，促进供应链的稳定性和可持续发展。成功实施供应商扶持机制需要企业投入必要的资源，与供应商建立良好的合作关系，并采取灵活的策略来应对市场和业务的变化。通过这些努力，企业和供应商可以实现共赢，共同面对市场挑战。

第六章　供应商开发与评估

第一节　供应商开发

供应商开发是一个涉及识别、评估、选择并培养供应商以满足特定采购需求的过程。这个过程不仅是寻找新的供应源，更包括与现有供应商合作以提升他们的性能、效率和整体质量。供应商开发是供应链管理中的关键环节，目的是构建一个高效、可靠的供应商网络，以支持企业的长期战略目标。以下是供应商开发的几个主要方面。

一、供应商开发的目的

供应商开发指的是一系列活动和过程，旨在建立和维护一组能够满足企业采购需求的高效和可靠的供应商。其主要目的包括以下几个方面。

1. 提高质量和供应稳定性

确保供应商能够持续提供高质量的产品和服务。

2. 成本优化

通过有效的供应商管理降低采购成本。

3. 风险管理

识别和管理与供应商合作的潜在风险。

4. 提升竞争力

通过与高效的供应商合作，增强企业的市场竞争力。

5. 促进创新和持续改进

激励供应商进行创新，实现产品和流程的持续改进。

二、供应商开发的关键步骤

1. 供应商识别

（1）市场研究：通过行业分析、贸易展览会、在线搜索等方式来识别潜在供应商。

（2）初步筛选：根据企业的需求对潜在供应商进行初步筛选。

2. 供应商评估

（1）能力评估：评估供应商的生产能力、技术水平、质量控制和交货能力。

（2）财务稳定性：分析供应商的财务状况，确保其长期合作的可行性。

（3）合规性检查：确认供应商是否符合行业标准和法律法规。

3. 供应商选择

（1）选择标准：基于质量、成本、交付能力、服务、技术能力等因素选择供应商。

（2）合同谈判：与供应商协商合同条款，如价格、交付时间、质量保证等。

4. 供应商培养

（1）技术支持：提供技术指导，帮助供应商提升生产和管理能力。

（2）质量改进计划：与供应商合作制订质量改进计划。

（3）培训和发展：对供应商进行必要的业务和技能培训。

5. 绩效监控和管理

（1）绩效指标：设定和监控关键绩效指标，如交货准时率、质量合格率、响应时间等。

（2）持续评估：定期对供应商的绩效进行评估，确保他们符合约定的标准。

6. 持续改进

（1）改进机制：鼓励供应商持续改进其产品和服务。

（2）创新合作：与供应商合作进行产品创新和流程优化。

三、供应商开发的挑战

1. 市场动态变化

市场需求和供应条件的快速变化可能影响供应商的稳定性和性能。

2. 供应商的合作意愿

并非所有供应商都愿意或有能力符合企业的要求。

3. 成本与质量的平衡

在降低成本和提升质量之间找到平衡点是一大挑战。

四、供应商开发的应对策略

1. 多元化供应商基础

不依赖单一供应商，建立多元化的供应商网络。

2. 建立长期关系

与供应商建立长期合作关系，以促进信任和合作。

3. 持续沟通和反馈

与供应商保持开放和持续的沟通，共同解决问题和挑战。

供应商开发是企业实现供应链优化、降低成本、提升质量和增强市场竞争力的关键。它要求企业不仅要在识别和选择供应商方面投入努力，还要在培养和管理供应商方面持续投入资源和时间。通过有效的供应商开发，企业可以建立起强大的供应链，更好地应对市场的变化和挑战。

第二节　供应商选择与评估

供应商选择与评估是企业供应链管理中的关键环节，它涉及一系列系统化的方法和步骤，用于确定哪些供应商能够最有效地满足企业的需求。这一过程不仅关注价格和成本，还涵盖质量、交付、服务、可靠性和创新能力等多个方面。

一、供应商选择与评估的方法

1. 定性评估

定性评估包括对供应商的声誉、历史表现、企业文化等进行评估。

2. 定量评估

定量评估涉及对供应商的交货准时率、质量合格率、成本效益等进行数据分析。

3. 现场审核

对供应商的生产设施、工作流程和质量控制系统进行实地考察。

4. 综合打分系统

使用评分卡或评价模型来评估供应商的综合性能。

二、供应商选择与评估的内容

1. 质量能力

评估供应商的质量控制流程、产品质量历史记录和质量认证情况。

2. 成本和价值

分析供应商提供的价格以及整体成本效益。

3. 交付能力

评估供应商的交货准时性和响应速度。

4. 技术和创新能力

考察供应商的技术实力和创新能力。

5. 可持续性和合规性

评估供应商的环境、社会和公司治理（ESG）实践。

6. 服务和支持

评价供应商的客户服务和技术支持能力。

三、供应商选择与评估的问题

1. 信息不对称

缺乏对供应商全面和准确的信息。

2. 评估标准不一致

缺乏统一和客观的评估标准。

3. 长期合作风险

选择的供应商可能无法长期稳定地满足需求。

4. 变化的市场条件

市场的快速变化可能导致评估失准。

四、供应商选择与评估的应对策略

1. 全面的市场调研

收集尽可能多的供应商信息。

2. 建立标准化评估流程

确保评估过程的一致性和公正性。

3. 灵活的合作协议

预留应对市场变化的灵活条款。

4. 持续的供应商管理

定期对供应商的性能进行评估和审查。

五、供应商选择与评估的培训内容

1. 评估技巧培训

培训团队如何进行有效的供应商评估，包括数据分析、采访技巧和现场审核。

2. 市场分析培训

教授如何进行市场趋势分析和供应商市场研究。

3. 风险评估培训

如何识别和评估与供应商合作相关的潜在风险。

4. 沟通技巧培训

如何与供应商有效沟通，建立长期稳定的合作关系。

5. 合规性和可持续性培训

教授有关环境、社会和公司治理（ESG）的最佳实践。

供应商选择与评估是确保企业供应链效率和稳定性的重要环节。通过采用合适的方法、认真分析内容、面对问题采取策略并进行适当的培训，企业可以建立起一个强大的供应商网络。这不仅有助于降低成本和提升质量，还能增强企业对市场变化的适应能力，从而在激烈的市场竞争中保持优势。

第三节　供应商审核

供应商审核是对现有供应商的考核及质量体系的评审，是供应商管理过程中的关键点，它是在完成供应市场分析、对潜在供应商已做出初步评选的基础上对可能发展的供应商进行的评审。供应商质量体系审核是一个重要方向，在企业管理中占据着重要地位，公司一般会单独进行供应商质量体系审核，同时可视情况将它当成是供应商审核的一部分[①]。以下是供应商审核的详细介绍。

一、供应商审核的目的

1. 确保质量标准

验证供应商是否能够提供符合企业质量标准的产品或服务。

2. 评估生产能力

确定供应商是否具有满足企业需求的生产能力和灵活性。

3. 合规性检查

确保供应商符合所有相关的法律法规和行业标准。

4. 风险管理

识别与供应商合作的潜在风险，包括供应中断、质量问题等。

5. 成本效益分析

评估供应商的成本结构，确保其提供的价格具有竞争力。

二、供应商审核的内容

1. 质量管理审核

（1）质量控制程序：检查供应商的质量控制流程是否符合行业标准。

（2）产品质量记录：审查过去的产品质量记录，包括不合格品率、客户投诉等。

---

① 杨喆，彭永芳，朱艳新.供应商管理[M].北京：中国财富出版社，2022:39.

2. 生产能力和设施审核

（1）生产线检查：评估供应商的生产线配置、产能和技术水平。

（2）库存管理：了解供应商的库存管理能力和物流安排。

3. 合规性和法规遵守

（1）法规合规性：确认供应商遵守相关法律法规，如环保、劳工和安全标准。

（2）行业认证：检查供应商是否拥有必要的行业认证，如 ISO 认证。

4. 商业稳定性和财务健康

（1）财务状况：审查供应商的财务报表，评估其财务稳定性和健康状况。

（2）公司历史和声誉：考虑供应商的业务历史、市场声誉和客户反馈。

5. 环境、社会和公司治理（ESG）因素

（1）环境责任：评估供应商的环境保护措施和可持续性实践。

（2）社会责任：了解供应商在劳工标准和社会责任方面的表现。

三、供应商审核的问题和策略

1. 问题

（1）信息不对称：缺乏关于供应商全面的信息。

（2）资源限制：有效的审核可能需要大量的时间和资源。

（3）变化的市场条件：市场和技术的快速变化可能影响供应商的稳定性。

2. 策略

（1）建立标准化流程：确保审核过程的标准化和一致性。

（2）采用技术工具：利用 ERP 系统、供应链管理软件等工具进行数据分析和管理。

（3）持续的监控和评估：定期重新评估供应商的性能和合规性。

四、供应商审核的培训

1. 审核技能培训

培训团队成员进行有效的供应商审查，包括如何进行现场审核、数据分析和风险评估。

2. 行业标准和法规培训

了解当前行业标准、法律法规和最佳实践。

3. 沟通和谈判技巧

提高团队在与供应商沟通和谈判时的效果。

供应商审核是确保供应链效率和稳定性的关键环节。通过系统化的审核流程，企业可以确保选择的供应商能够满足其质量、成本、合规和其他业务需求。有效的供应商审核不仅有助于降低运营风险，还能增强企业的市场竞争力。要实现这些目标，企业需要投入必要的资源和时间，培训专业团队，并采取合适的策略来应对审核过程中的挑战。通过这些努力，企业能够在不断变化的市场环境中建立一个强大而可靠的供应商网络。

第七章　供应商选择与认证

第一节　潜在供应商的选择

在企业内部资源有限的情况下，为了取得更大的竞争优势，仅保留其具有竞争优势的职能，而把那些其他的功能借助于整合利用外部最优秀的资源予以实现是十分必要的。企业内部最具竞争力的资源和外部最优秀资源的结合，可产生巨大的协同效应，使企业最大程度地发挥自有资源的竞争力，获得竞争优势，提高对环境变化的适应能力。企业截取价值链中比较窄的部分并缩小其经营范围，重新配置各种资源，将资源集中于最能反映自身相对优势的领域，从而构筑自己的竞争优势，获取持续发展的能力。[①]

潜在供应商的选择是指企业在寻找和评估供应商过程中，通过一系列的标准和程序来确定哪些供应商能够满足其业务需求和质量要求的过程。这一过程对于建立一个高效、可靠、成本效益高的供应链至关重要。

一、选择供应商前的布局规划

选择供应商前的布局规划是企业供应链管理中的一项关键活动，涉及在正式选择和评估供应商之前的一系列策略规划和准备工作。这一过程包括明确企业的需求、评估市场状况、制定评估标准、考虑风险管理等多个方面，其目的在于为选择最适合的供应商奠定坚实的基础。以下是对供应商选择前布局规划的详细介绍。

1. 明确采购需求

企业需要明确其采购需求，包括了解自身的业务目标、产品或服务的特定要求、预期的质量标准和成本预算。明确需求不仅包括当前的需求，还应考虑发展趋势和可能的变化，以确保供应商能够适应这些变化。

[①] 孙磊. 供应商质量管理 [M]. 北京：机械工业出版社，2020:26.

（1）产品服务需求分析。①规格和质量：定义所需产品或服务的具体规格、质量标准和性能指标。②数量和频率：评估所需数量及其变化趋势，采购频率。

（2）成本考量。①预算：根据企业财务状况制定采购预算。②成本效益分析：分析采购成本与潜在收益。

（3）时效要求：设定期望的交付时间和灵活性要求。

2. 市场研究和分析

在选择供应商之前，进行市场研究和分析是至关重要的。这一步骤旨在了解供应市场的现状、供应商的数量和类型、市场价格趋势以及任何潜在的供应风险。

（1）供应商市场概览。①市场动态：分析市场趋势、供需状况和价格波动。②供应商类型和分布：识别不同类型的供应商及其地理分布。

（2）供应商竞争力评估：分析主要供应商的市场地位、竞争优势和劣势。

（3）供应风险评估：识别市场中潜在的风险因素，如政治、经济波动等。

3. 制定评估标准

为了系统化地评估供应商，需要制定一套全面的评估标准和流程。这些标准应涵盖质量、成本、交付、服务和合规性等各个方面。

（1）质量标准。①质量保证体系：ISO 9001 等国际认证标准。②产品质量标准：行业或企业特定的产品质量要求。

（2）成本和价格标准。①成本结构分析：理解供应商的成本组成和定价策略。②总拥有成本（TCO）：考虑采购、运输、存储和其他相关成本。

（3）交付和响应能力。①交付时间：供应商交付产品或服务的速度和准时率。②灵活性：应对紧急需求和变更请求的能力。

4. 风险管理规划

在供应商选择过程中，风险管理是不可或缺的一部分。企业需要识别和评估与供应商合作相关的各种风险，并制定相应的应对策略。

（1）供应风险评估。①供应中断：评估可能导致供应中断的因素，如自然灾害、运输问题等。②质量风险：产品质量不达标的风险和后果。

（2）法律和合规风险。①合规性审核：确保供应商遵守相关法律法规，如环保法、劳工法等。②合同风险：合同条款可能带来的法律和财务风险。

5.供应商沟通和初步接触

在实际选择和评估供应商之前，与潜在供应商的沟通和初步接触也非常重要。这有助于收集更多的信息，建立初步的业务关系。

（1）初步询价和信息收集。①发送询价单：向潜在供应商发送询价单，了解其报价和条件。②信息请求：请求供应商提供更详细的业务和产品信息。

（2）建立沟通渠道。①沟通策略：确定与供应商沟通的方式和频率。②关系建立：开始建立与潜在供应商的关系。

二、潜在供应商资料的收集

潜在供应商资料的收集是一个关键的商业活动，它对于确保供应链的有效性和效率至关重要。这一过程不仅涉及识别和评估可能的供应商，还包括收集和分析有关这些供应商的详细信息，以便作出明智的决策。以下是对这一过程的详细描述。

1.潜在供应商资料收集的重要性

在商业运作中，供应商扮演着核心角色。他们为企业提供必需的商品和服务，使企业能够生产自己的产品或提供服务。选择合适的供应商对于保持成本效率、确保产品质量和维持供应链的稳定性至关重要。

2.确定收集信息的目的和需求

在开始收集潜在供应商的资料之前，首先要明确信息收集的目的。这包括寻找成本更低的供应商、寻找具有特定专业技能的供应商、增加供应商多样性、寻找替代供应商以降低风险等。

3.确定信息收集的范围

确定要收集哪些类型的资料。这可能包括但不限于供应商的财务稳定性、生产能力、质量控制标准、交货时间、价格结构、企业社会责任记录等。

4.利用多种渠道收集资料

（1）市场研究：通过行业报告、市场分析等了解行业趋势和主要供应商。

（2）在线搜索：使用互联网搜索潜在供应商，访问他们的官方网站以了解更多信息。

（3）行业展会和会议：参加相关行业活动，直接与潜在供应商接触。

（4）商业目录和数据库：查阅行业指南、商业目录和在线数据库。

（5）行业协会：联系相关的行业协会获取推荐。

（6）竞争对手分析：了解竞争对手的供应商网络。

5. 对潜在供应商进行初步筛选

根据收集的信息对潜在供应商进行初步筛选。这一步骤是为了缩小选择范围，专注于那些最有可能满足企业需求的供应商。

6. 深入调查和评估

对筛选后的供应商进行更深入的调查，包括以下四个方面。

（1）财务评估：分析供应商的财务稳定性和健康状况。

（2）能力评估：评估供应商的生产能力和技术水平。

（3）质量控制：了解供应商的质量保证流程和历史表现。

（4）信誉和参考：检查供应商的商业信誉和从其他客户那里获得的反馈。

7. 建立评估标准和选择工具

为确保客观和一致的评估，建立一套明确的评估标准和选择工具，包括评分卡、检查表等。

8. 进行现场访问

如果可能的话，进行现场访问，以亲自了解供应商的运营情况。这有助于更准确地评估其生产能力和质量控制过程。

9. 分析和比较收集的数据

将所有收集的信息进行汇总分析，比较不同供应商的优势和劣势。

10. 最终选择和持续评估

基于分析结果，作出最终的供应商选择。选择后，持续监控供应商的表现，确保他们能够持续满足企业的需求。

综上所述，潜在供应商资料的收集是一个复杂而至关重要的过程。通过有效的信息收集和分析，企业可以确保选择最适合自己需求的供应商，从而提高供应链的效率和稳定性。这不仅有助于降低成本，还能提高产品和服务的质量，最终提升企业的竞争力。

三、真正了解供应商

了解供应商是一个关键的商业活动，对于确保供应链的可靠性、效率和质量至关重要。以下是详细的步骤和建议，用于深入了解供应商。

1. 供应商背景调查

（1）历史和声誉：调查供应商的历史，包括成立时间、发展历程和市场声誉。了解供应商的业绩记录，包括以往的成就和失败案例。

（2）法律和财务状况：审查供应商的财务状况，包括收入、利润、负债和资产状况。检查是否有法律纠纷或不良记录，如诉讼、违规等。

（3）组织结构和管理团队：了解供应商的组织结构，包括管理团队、决策过程和员工构成。评估管理团队的经验和资质。

2. 业务能力和专业技能

（1）生产能力：调查供应商的生产设施和技术水平。评估生产规模、灵活性和扩展能力。

（2）质量控制：了解供应商的质量控制流程和标准。检查有关质量认证和标准的遵守情况，如 ISO 认证等。

（3）研发能力：考察供应商的研发团队和历史创新能力。评估供应商在产品和服务创新方面的潜力。

3. 市场表现和客户关系

（1）客户基础：调查供应商服务的主要客户和市场。了解供应商与其客户的关系质量和稳定性。

（2）竞争优势：评估供应商在其市场中的竞争地位。了解供应商的独特优势，如成本、技术、服务等。

（3）反馈和评价：收集和分析客户反馈，包括满意度调查和在线评论。考虑与现有或过去的客户直接沟通以获取反馈。

4. 供应链管理和物流能力

（1）供应链效率：评估供应商的供应链管理能力。了解物流和分配网络的有效性和可靠性。

（2）透明度和沟通：检查供应商在供应链透明度和沟通方面的表现。评估供应商提供信息和响应需求的速度。

（3）风险管理：了解供应商如何应对供应链中断和其他风险。评估供应商的备货策略和应急计划。

5. 合作关系和文化契合度

（1）价值观和企业文化：了解供应商的价值观和企业文化是否与您的企业相符。考察供应商在社会责任和可持续发展方面的承诺。

（2）长期合作潜力：评估与供应商建立长期合作关系的潜力。考虑供应商的忠诚度和对合作的承诺。

（3）沟通和解决问题的能力：了解供应商处理问题和冲突的能力。评估双方沟通和协调工作的效率。

6. 现场考察和直接交流

（1）参观工厂和办公场所：亲自访问供应商的生产设施和办公环境。观察现场运营和员工的工作状态。

（2）面对面会议：安排与供应商高层管理人员的面对面会议。讨论合作细节，了解供应商的服务态度和专业能力。

（3）样品评估：请求样品或试用服务以评估质量和性能。通过实际使用体验来评估产品或服务。

7. 持续评估和关系管理

（1）定期评估：定期重新评估供应商的表现和符合度。跟踪供应商的业务变化和市场发展。

（2）持续沟通：保持与供应商的定期沟通，建立良好的工作关系。及时解决合作过程中的问题和挑战。

（3）双向发展：探索与供应商的共同成长机会，如共同研发、市场拓展等。鼓励双方分享最佳实践和创新想法。

8. 技术和创新能力

（1）技术先进性：评估供应商在其领域内的技术水平，是否跟随或领先于行业标准。考察供应商的设备和技术是否现代化，能否适应未来的发展。

（2）创新能力：考察供应商在产品设计、制造工艺和服务模式上的创新能力。评估供应商对新技术和趋势的适应能力和反应速度。

（3）知识产权：了解供应商在知识产权管理方面的政策和记录。确保合作过程中不会触犯知识产权的问题。

9. 可持续发展和社会责任

（1）环境影响：调查供应商的环境保护政策和实践。评估供应商的环境足迹，包括废物处理、能源使用和排放管理。

（2）社会责任：了解供应商在社会责任方面的承诺，如公平劳动实践、社区参与等。考察供应商是否遵守国际劳工标准和当地法律法规。

（3）供应链的可持续性：评估供应商的整个供应链的可持续性，包括其自身供应商的选择和管理。

10. 合同谈判和风险管理

（1）合同条款：与供应商讨论和谈判合同条款，确保双方的利益和期望都能得到满足。评估和管理合同中的风险，如价格波动、交货时间和质量保证。

（2）风险评估：对与供应商合作的风险进行全面评估，包括供应链中断风险、质量问题等。制定应对策略以降低潜在风险。

（3）灵活性和应变能力：评估供应商在面对市场变化和突发事件时的应变能力和灵活性。确保供应商能够在不稳定的市场环境中保持稳定供应。

11. 持续改进和优化

（1）性能跟踪：定期跟踪和评估供应商的性能，包括交货时间、产品质量和服务水平。使用关键绩效指标（KPI）来量化供应商的表现。

（2）反馈和沟通：与供应商建立有效的反馈机制，定期交流改进点和潜在问题。鼓励开放和诚实的沟通，以促进双方的持续改进。

（3）合作优化：与供应商一起工作，不断优化合作流程和策略。探索新的合作模式，如共同研发、共享资源等，以提高效率和竞争力。

综上所述，深入了解供应商是一个多维度、动态的过程，涉及对供应商的业务能力、质量控制、市场表现、合作潜力等多方面的全面评估。这不仅有助于确保供应链的稳定性和效率，还能促进长期的合作关系，共同实现可持续发展的目标。

四、对供应商进行分析

对供应商进行分析是一个关键的过程，它帮助企业评估和选择合适的供应商以确保供应链的效率、稳定性和竞争力。以下是详细的分析步骤和建议。

1. 确定分析目标和标准

（1）明确目的：确定分析的主要目标，如成本降低、质量提升、风险管理等。设定清晰的分析标准和预期结果。

（2）制定评估标准：根据企业的具体需求，设定评估供应商的标准，如价格、质量、可靠性、交货周期等。

2. 收集供应商信息

（1）基本信息：收集供应商的基础信息，包括公司规模、历史、位置、财务状况等。使用公开的商业数据库、供应商自述资料、行业报告等获取信息。

（2）业务能力：评估供应商的生产能力、技术水平、研发能力和创新能力。了解供应商的生产设施和技术基础设施。

3. 财务分析

（1）财务健康状况：分析供应商的财务报表，包括利润表、资产负债表和现金流量表。评估供应商的盈利能力、资本结构和流动性。

（2）成本结构：了解供应商的成本结构，包括固定成本和变动成本。分析成本结构对价格、供应能力和灵活性的影响。

4. 质量管理和控制

（1）质量标准：评估供应商的质量控制流程和质量保证体系。了解供应商是否拥有相关的质量认证，如 ISO 9001 认证。

（2）历史质量表现：调查供应商的历史质量记录，包括退货率、不合格品率和客户投诉情况。

5. 供应链管理能力

（1）供应链效率：评估供应商的供应链管理流程和物流能力。了解供应商的库存管理、订单处理速度和配送能力。

（2）风险管理：分析供应商在供应链中断、原材料价格波动等方面的风险管理能力。了解供应商是否有应急计划和备选供应链策略。

6. 市场地位和竞争力

（1）行业地位：评估供应商在其所在行业的地位和影响力。了解供应商的市场份额和竞争对手。

（2）竞争优势：分析供应商的核心竞争力，如成本优势、技术优势、服务优势等。了解供应商如何应对市场变化和竞争压力。

7. 合作记录和客户反馈

（1）过往合作记录：回顾与供应商的历史合作记录，评估其履行合约的能力和信誉。考察供应商的沟通效率和问题解决能力。

（2）客户评价：收集和分析来自其他客户的反馈和评价。使用第三方调查或在线评价平台获取客户意见。

8. 社会责任和合规性

（1）社会责任：了解供应商在环境保护、社会责任和伦理方面的表现和政策。检查供应商是否遵守相关的法律法规和行业标准。

（2）合规性：确保供应商遵守质量、健康、安全和环境等方面的法律和规定。考察供应商的劳动实践和工作条件。

9. 沟通和文化契合度

（1）沟通有效性：评估供应商的沟通和协调能力。了解供应商在处理问题和应对挑战时的响应速度和有效性。

（2）文化契合度：考虑企业文化和价值观在与供应商合作中的重要性。评估供应商的企业文化是否与您的企业相契合。

10. 战略契合和长期潜力

（1）战略契合：分析供应商的业务战略是否与您的企业战略相符合。了解供应商是否支持您的长期业务目标和需求。

（2）发展潜力：评估供应商的长期发展潜力和稳定性。考虑供应商的创新能力和未来增长潜力。

11. 技术实力和创新能力

（1）技术实力：分析供应商的技术实力，包括使用的技术、设备和工艺的先进性。考察供应商是否能够提供与最新市场趋势和技术进步相符合的产品或服务。

（2）创新能力：了解供应商在产品设计、服务创新和业务流程优化方面的能力。评估供应商是否有持续的研发投入和创新成果。

12. 灵活性和适应能力

（1）应变能力：评估供应商在面对市场变化、需求波动或供应链中断时的适应和应变能力。考察供应商是否有灵活的生产和运营模式来应对不确定性。

（2）定制化服务：了解供应商是否能够提供定制化的产品或服务以满足特殊需求。评估供应商在理解和适应您的具体需求方面的能力。

13. 价格和成本效益分析

（1）价格竞争力：比较供应商的价格与市场平均水平和竞争对手。分析价格背后的价值，考虑质量、服务、交货速度等因素。

（2）成本效益：评估与供应商合作的总成本效益，包括直接成本和间接成本。考虑长期合作带来的成本节约和价值增加。

14. 风险评估和管理

（1）供应风险：识别与供应商合作中可能面临的风险，如供应中断、质量问题等。了解供应商的风险管理策略和应对措施。

（2）合规风险：确保供应商符合所有相关的法律法规和行业标准。评估供应商的合规历史和管理制度。

15. 持续改进和合作发展

（1）改进机制：了解供应商是否有持续改进的机制和流程。评估供应商对反馈的响应速度和改进措施的有效性。

（2）合作潜力：考察与供应商合作的长期潜力，包括扩展业务范围和深化合作层次的可能性。探索双方合作的创新模式和战略联盟的机会。

通过全面和系统的供应商分析，企业可以选择出最适合自身需求和战略目标的供应商，建立稳定、有效和互利的合作关系。这种深入的分析有助于减少供应链中断的风险，优化成本结构，提高产品和服务质量，最终增强企业的市场竞争力和盈利能力。供应商分析不是一次性的任务，而是一个持续的过程，随着市场环境和企业需求的变化，需要不断地进行调整和优化。

五、建立供应商资料库

建立供应商资料库是确保供应链管理有效性的关键步骤，它涉及系统地收集、整理和管理关于供应商的信息。以下是详细的步骤和建议。

1. 明确资料库建立的目的

确定目标：明确建立供应商资料库的目的，如提高采购效率、降低成本、风险管理、增强供应链透明度等。确定资料库需要满足的具体需求和目标。

2. 确定收录的信息类型

（1）基本信息：包括供应商的名称、地址、联系方式、成立时间、企业规模等，法人代表、主要管理人员和联络人的信息。

（2）业务信息：供应商的主营产品或服务、生产能力、技术水平、行业地位等，历史业绩、主要客户和市场竞争力。

（3）质量和认证：质量控制流程、产品质量标准、获得的质量认证等，历史质量记录，如退货率、不合格品率等。

（4）财务信息：包括财务报表、信用记录、银行账户信息等，支付条款、结算方式和财务稳定性。

（5）法律和合规：法律诉讼历史、合规性记录、环境和社会责任政策等，遵守的行业标准和法律法规。

3. 资料收集方法

（1）供应商自述：要求供应商提供详细的自述资料，包括公司介绍、产品目录、质量认证等。定期更新，确保信息的准确性和及时性。

（2）第三方数据：使用第三方数据服务，如商业信用报告、行业分析报告等。参考行业协会、商会或政府机构提供的信息。

（3）现场考察：安排对供应商的现场考察，直接评估其运营状况和能力。通过考察获取更直观的信息。

（4）客户反馈：收集供应商的其他客户反馈和评价，作为评估供应商的参考。可以通过调查问卷、访谈等形式进行。

4. 建立信息管理系统

（1）选择合适的软件平台：根据企业规模和需求选择合适的供应商信息管

理系统，如 ERP 系统、CRM 系统或定制的数据库系统。考虑系统的易用性、扩展性和安全性。

（2）数据组织和分类：对收集的数据进行合理的组织和分类，以便于检索和使用。设定清晰的分类标准和关键字。

（3）数据输入和更新：确保数据的准确性和及时性，定期更新供应商资料。设立专人负责数据的录入、审核和维护。

5. 评估和筛选供应商

（1）建立评估标准：根据企业需求建立一套供应商评估标准，包括价格、质量、交货时间等。使用评分卡或评价系统进行量化评估。

（2）定期评审：定期对供应商进行绩效评审，包括定量和定性的评估。根据评审结果调整供应商名单和采购策略。

6. 确保信息安全和合规性

（1）数据安全：采取措施保护数据安全，防止未授权访问和数据泄露。定期进行数据备份和恢复测试。

（2）法律合规：确保资料收集和管理过程符合相关法律法规，尤其是隐私保护和数据保护法规，对供应商的敏感信息进行适当的保护。

7. 供应商关系管理

（1）沟通和协调：利用资料库加强与供应商的沟通和协调。定期与供应商进行交流，了解其最新情况和需求。

（2）持续改进：根据供应商资料库的反馈进行持续改进。识别潜在的问题和机会，优化供应链管理。

建立和维护一个全面且有效的供应商资料库，对于提高采购效率、降低成本、管理风险和加强供应链合作至关重要。通过不断更新和优化资料库，企业可以确保快速响应市场变化，作出明智的采购决策，同时建立稳定和可持续的供应商关系。在日益复杂和竞争激烈的商业环境中，一个高效的供应商资料库是企业成功的关键支撑。

第二节　合适供应商认证

合适供应商认证是一种评估和确认供应商是否满足特定质量标准、性能要求、管理体系以及其他相关标准的过程。这种认证通常由购买企业或第三方机构进行，旨在确保供应商能够稳定、有效地提供符合要求的产品或服务。

一、样品试制认证

样品试制认证是合适供应商认证过程的一个关键环节，专注于评估和验证供应商在初步生产阶段的能力和产品的符合性。它通常发生在新产品开发的早期，目的是确保供应商能够生产出符合设计规格和质量要求的初步样品。以下是样品试制认证的详细描述。

1. 样品试制认证的目的

（1）验证产品设计：确认设计概念的可行性和实用性。确保产品设计符合预定的功能、性能和用户需求。

（2）测试材料和工艺：评估所选材料的适用性、耐用性和成本效益。检验生产工艺的可行性、效率和一致性。

（3）质量控制：确保样品在生产过程中符合质量标准，包括耐用性和可靠性。评估和优化质量检测和控制流程。

（4）成本评估：通过样品试制过程估计生产成本，包括材料、人工和制造成本。为最终产品定价和预算制定提供依据。

2. 样品试制过程

（1）计划和设计：制订详细的样品试制计划，明确时间表、资源需求和目标。根据产品规格进行设计，并使用 CAD 等工具进行模拟和分析。

（2）材料选择和准备：根据产品要求选择适当的材料。确保材料质量符合标准，适合生产过程。

（3）制造和组装：根据设计图纸进行样品的制造和组装。使用预定的生产工艺，确保工艺的一致性和准确性。

（4）初步测试：对完成的样品进行初步的功能和性能测试，包括机械测试、电气测试、耐久性测试等。

3. 评估和优化

（1）质量和性能评估：详细评估样品的质量和性能，确认是否符合设计规格。对测试结果进行分析，以识别任何不符合标准的问题。

（2）设计和工艺修改：根据评估结果对设计和生产工艺进行必要的调整。进行迭代试制，以解决初次试制中发现的问题。

（3）重复测试和评估：对修改后的样品进行进一步的测试，以验证改进的效果。确保所有的修改均能达到设计和质量要求。

4. 认证和报告

（1）完成认证：一旦样品满足所有预定的质量和性能标准，完成样品试制认证。认证可能由内部团队或第三方专业机构进行。

（2）编制报告：编制详细的试制报告，包括设计过程、测试结果、改进措施和最终评估。报告应提供足够的细节，清楚地展示整个试制过程和结果。

5. 准备大规模生产

（1）生产转换准备：根据样品试制的结果，调整大规模生产的准备工作。确保生产线、设备和人员准备就绪。

（2）风险管理和优化：评估转换到大规模生产的潜在风险，并制定应对策略。继续优化生产流程和质量控制，确保产品在大规模生产时保持一致性和质量。

样品试制认证是确保新产品在设计、质量和生产效率方面符合预期的关键步骤。通过这个过程，企业能够在大规模投入市场之前，识别和解决潜在的问题，从而降低风险，确保产品质量，并为最终的市场成功打下坚实的基础。有效的样品试制认证不仅提升了产品的质量和市场竞争力，还有助于建立和维护与供应商的长期合作关系。

二、中试认证

中试认证是合适供应商认证流程中的一个重要环节，它涉及在生产过程的早期阶段进行的一系列测试和评估，以验证供应商的生产能力、质量控制、工艺流程等是否达到预定标准。这一过程是在实际大规模生产之前的试验性生产阶段进行的，旨在确保供应商可以稳定地生产出符合质量和性能要求的产品。

1. 中试认证的目的

（1）生产能力验证：确认供应商是否具备按照预定标准生产产品的能力，验证生产设施、设备和人力资源是否足以满足生产需求。

（2）工艺流程评估：检验供应商的生产工艺是否成熟、稳定，并能够连续生产高质量产品。确保工艺流程能够高效运行，同时符合成本效益和时间效率的要求。

（3）质量控制系统测试：评估供应商的质量控制体系是否有效，包括检测手段、标准和流程。确认产品质量符合预定标准，包括性能、可靠性和安全性。

（4）风险管理和问题解决：识别在实际生产过程中可能出现的风险，并评估供应商处理这些风险的能力。测试供应商对生产中出现的问题的响应和解决能力。

2. 试产认证的流程

（1）制订试产计划：制订详细的中试生产计划，包括生产量、时间表、资源分配和目标设定。确定评估标准，包括质量标准、生产效率、成本控制等。

（2）生产准备：确保供应商的生产设施、设备和人力资源准备就绪。调整和优化生产流程，确保生产效率和质量控制。

（3）试生产：在受控条件下进行小批量的试生产，以模拟实际的生产环境。监控整个生产过程，包括原材料输入、制造过程、装配、测试和包装。

（4）质量和性能测试：对试生产的产品进行全面的质量和性能测试，包括耐久性测试、功能测试、安全测试等。

（5）数据收集和分析：收集生产过程和产品测试的相关数据。对数据进行分析，评估生产效率、产品质量和成本控制。

3. 评估和优化

（1）问题识别和改进：根据试产生产的结果，识别任何存在的问题或不足之处。与供应商一起制订改进计划，解决识别出的问题。

（2）过程优化：根据测试结果和数据分析，优化生产流程和工艺。重新调整生产计划和资源分配，以提高效率和质量。

（3）再次测试：对改进后的生产流程进行再次测试，以验证改进措施的效果。确保所有修改都能达到预期目标。

4.认证和报告

（1）完成认证：在满足所有预定标准和要求后，完成试产认证。由专业机构或内部团队颁发认证。

（2）编制报告：编制详尽的试产认证报告，包括生产过程、测试结果、问题分析和改进措施。报告应提供足够的细节，以便于理解整个认证过程和结论。

5.向大规模生产过渡

（1）生产规模扩大：在成功完成中试认证后，逐步扩大生产规模，准备大规模生产。确保在规模扩大的过程中，生产质量和效率仍然得到保证。

（2）持续监控：在大规模生产过程中继续监控生产质量和效率。实施持续的质量控制和改进机制。

试产认证是合适供应商认证过程中至关重要的一环，它帮助企业确保供应商在生产过程中能够满足所有的质量和性能要求。通过这一过程，企业可以有效降低由于供应商问题导致的生产风险，确保产品的质量稳定性和供应链的可靠性。成功的试产认证是向大规模生产顺利过渡的关键一步，对提升整个供应链的效率和质量具有重要意义。

三、批量认证

批量认证是合适供应商认证过程中的一个重要环节，主要涉及对供应商在大规模生产环境下的能力进行评估和验证。这个过程确保供应商在批量生产时能够持续符合质量标准、效率要求和其他相关的业务规范。

1.批量认证的目的

（1）确保质量一致性：验证供应商在大规模生产中能够持续保持产品质量的稳定性。确保产品的每批次都能符合预定的质量标准。

（2）验证生产效率：确认在批量生产过程中，供应商能够有效管理生产时间和资源，保持高效率。确保供应商能够在规定的时间内完成订单要求。

（3）检验成本控制：确认供应商在批量生产时能够有效控制成本，同时保持产品质量。评估供应商的成本管理策略和能力。

（4）供应链协调：验证供应商在供应链管理方面的能力，确保物料供应和产品交付的流畅性和准时性。检查供应商对供应链中断的应对能力。

2. 批量认证流程

（1）制订认证计划：制订详细的批量认证计划，包括认证标准、时间表、资源分配和关键指标。定义认证过程中的检查点和评估标准。

（2）评估生产准备：确认供应商的生产线、设备和人员准备情况，是否已经准备好进行大规模生产。检查原材料的质量和供应情况。

（3）监控试生产：在批量生产前，监控一段时间的试生产过程，以评估生产流程的稳定性和效率。检验生产过程中的关键环节，确保符合预定标准。

（4）进行质量测试：对批量生产中的产品进行抽样测试，包括性能测试、耐用性测试和安全测试。使用标准化的测试方法来确保测试结果的一致性和可靠性。

（5）成本和时间效率分析：分析生产过程中的成本和时间效率，确保符合预算和时间表。评估生产流程中可能的浪费点，并提出改进措施。

3. 数据分析和报告

（1）收集和分析数据：收集生产过程中的关键数据，包括产量、不合格品率、生产时间等。对数据进行深入分析，评估生产过程的效率和质量控制。

（2）编制评估报告：编制详细的批量认证报告，包括生产过程分析、测试结果、问题识别和改进建议。确保报告内容全面，能够清晰地反映认证过程和结果。

4. 问题识别和改进

（1）问题解决：根据认证过程中发现的问题，制订具体的改进计划。与供应商协作，确保问题得到有效解决。

（2）进行必要的迭代：如果认证结果不满意，可能需要对生产流程进行迭代和调整。重新进行测试，直到满足所有认证标准。

5. 认证完成和后续监控

（1）完成认证：一旦供应商在所有评估标准上达到要求，完成批量认证。颁发认证证书或标志，标识供应商符合批量生产的标准。

（2）持续监控和评估：即使完成认证后，也需要定期监控和评估供应商的生产性能。确保供应商持续遵守质量标准和生产要求。

批量认证是确保供应商能够在大规模生产环境下持续满足质量和性能要求的重要过程。通过这一过程，企业可以有效地管理供应链风险，保证产品质量稳定性的同时，提高生产效率和成本效益。成功的批量认证不仅有助于建立企业与供应商之间的信任，还能提升企业在市场上的竞争力。

四、供应商 RoHS 认证

供应商 RoHS 认证是一个专门的认证过程，它涉及评估和验证供应商的产品是否符合《限制使用某些有害物质指令》（Restriction of Hazardous Substances Directive，RoHS）的要求。RoHS 是欧盟立法的一部分，旨在限制电子电气设备中特定有害物质的使用，以保护环境和人类健康。

1.RoHS 认证的目的

（1）环境保护：通过限制有害物质的使用，减少这些物质对环境的负面影响。促进环境可持续发展。

（2）消费者健康：保护消费者免受电子电器产品中有害物质的危害。提高公众对有害物质的认识。

（3）法规遵从：确保供应商的产品符合欧盟及其他采纳 RoHS 标准国家或地区的法律法规。避免违反规定而产生的法律风险和经济损失。

（4）市场准入：使供应商的产品能够进入严格执行 RoHS 规定的市场。提高产品在国际市场上的竞争力。

2.RoHS 指令的主要内容

（1）受限物质：主要受限物质包括铅、汞、镉、六价铬、多溴联苯（PBB）和多溴二苯醚（PBDE）。这些物质在电子电气产品中的使用量必须低于规定的最大浓度值。

（2）适用范围：RoHS 指令适用于大多数电子电气设备，包括家用电器、计算机设备、通信设备等。某些特定类型的设备和应用可能被豁免。

（3）更新和修订：RoHS 指令会不定期更新，增加新的限制物质或调整现有物质的限制标准。供应商需关注最新的 RoHS 指令变化。

3.RoHS 认证过程

（1）审核供应商资料：审核供应商提供的产品组成和材料数据表。确认所用材料和组件的 RoHS 合规性。

（2）测试和分析：对产品样品进行实验室测试，检测受限物质的含量。确保所有组件和材料均符合 RoHS 规定的限制标准。

（3）供应链管理：检查供应商的供应链管理流程，确保原材料和组件的合规性。评估供应商对供应链合规性的监控和控制能力。

（4）记录和文档：要求供应商提供完整的合规性记录和文档，包括测试报告、合规声明等。确保有足够的证据支持产品的 RoHS 合规性。

4. 认证后的监督和管理

（1）持续监控：定期复审供应商的产品和生产流程，确保持续符合 RoHS 标准。监控供应商对新材料或新工艺的采用。

（2）更新和培训：为供应商提供最新的 RoHS 规定和指导信息。定期对供应商进行 RoHS 相关的培训和教育。

（3）应对变更：在 RoHS 指令更新时，及时调整和应对，确保产品持续合规。遵循相关的通知和信息更新程序。

5.RoHS 认证的重要性

（1）市场竞争力：RoHS 认证的产品更易被欧盟和其他地区的市场接受。

（2）品牌形象：展示企业对环境保护和消费者健康的承诺。

（3）法律合规：避免因违反法规而产生的罚款和法律纠纷。

供应商 RoHS 认证是确保产品符合国际环保标准的关键过程。通过这一过程，企业不仅能够符合相关法律法规的要求，还能在全球市场中提升产品的竞争力和品牌形象。对于供应商而言，RoHS 认证是展示其对环境保护和社会责任承诺的重要方式，也是进入国际市场的必备条件。

第八章 供应商合同管理

第一节 采购合同的审批与签订

采购合同的审批与签订是一个关键的商业流程，它涉及对采购合同的详细审查、修改、批准以及最终签署的过程。这一过程确保合同条款对所有相关方都是可接受的，并符合法律法规要求。

一、采购合同的内容

采购合同是供应商合同管理中的核心文件，它详细规定了买卖双方的权利、责任和义务。采购合同的内容通常较为复杂，涉及多个方面。

1. 合同基本信息

（1）合同双方：明确标识买方和卖方的名称、地址和联系方式。指定双方的法定代表或授权代表。

（2）合同日期和编号：记录合同签订的日期和有效期。为合同指定一个唯一编号以便于追踪和管理。

2. 产品或服务描述

（1）详细规格：对所购买的产品或服务进行详细的描述，包括规格、型号、数量、大小、颜色等。对服务提供的详细说明，包括服务内容、服务标准、时间等。

（2）质量要求：明确产品或服务的质量标准和检验方法。可引入行业标准或国际标准作为质量评估的依据。

3. 价格和支付条款

（1）价格：明确产品或服务的价格，包括单位价格和总价。如有折扣、附加费用或税费，亦应在合同中明确列出。

（2）支付方式：规定支付的方式，如银行转账、信用卡、支票等。如果采用分期支付，需要详细列出每期支付的金额和时间。

（3）发票和税务：说明发票开具的方式和时间。遵循适用的税务法规，明确税务责任。

4. 交货条款

（1）交货时间和地点：明确产品的交货时间和地点。对于服务，指定服务提供的时间表和地点。

（2）运输和物流：规定运输方式、运输成本承担和风险转移点。如有特殊包装要求，亦应在合同中明确说明。

（3）延迟交货的处罚：对延迟交货的情况设定罚款或赔偿条款。

5. 质量保证和售后服务

（1）质量保证：提供产品质量保证或保修期的承诺。明确质保期内的服务和责任。

（2）售后服务：规定售后服务的内容，如维修、更换、退货等。明确服务期限和服务方式。

6. 违约责任

（1）违约条款：明确双方违约的情况及相应的责任和处罚，包括违约金、损害赔偿等。

（2）争议解决：规定争议解决的方式，如协商、调解、仲裁或诉讼。指定适用法律和解决争议的司法管辖区。

7. 保密和知识产权

（1）保密条款：对交易过程中可能涉及的保密信息进行保护。明确保密信息的范围和保密义务的期限。

（2）知识产权：规定合同执行过程中产生的知识产权归属和使用权。明确双方在知识产权方面的权利和责任。

8. 合同变更和终止

（1）变更和修改：规定合同变更或修改的程序和条件。明确必要时双方沟通和协商的方式。

（2）终止条件：规定合同提前终止的条件和程序。包括终止后的责任和义务处理。

9. 附加条款

（1）特殊要求：根据具体情况添加特殊条款，如排他性、最低购买量等。明确双方对特殊情况的认识和约定。

（2）法律声明：包括适用法律、不可抗力条款等法律声明。确保合同在法律上的有效性和可执行性。

采购合同是商业交易中的重要文件，它详细规定了买卖双方在交易中的权利和义务。一个完善的采购合同应包括上述所有要素，以确保交易的公平性、合法性和双方的利益保护。合同内容应根据具体情况进行定制，以适应不同的商业需求和法律要求。通过仔细的合同管理，企业可以有效降低风险，保护自身利益。

二、采购合同的审批

在供应商合同管理中，采购合同的审批是一个关键的流程，涉及对采购合同的内容进行详细审核，以确保它符合企业的政策、财务要求、法律规定以及商业目标。

1. 合同审批的重要性

（1）风险管理：确保合同中没有不利于企业的条款，减少法律和财务风险。

（2）合规性：确保合同遵守所有相关的法律法规和公司政策。

（3）效率与效果：提高采购流程的效率，确保达到预期的商业效果。

2. 审批流程设计

（1）审批权限：明确不同价值和复杂度合同的审批权限，通常高价值合同需高层管理审批。确定谁有权审批合同，如采购部门经理、财务总监、法务部门或 CEO。

（2）审批阶段：设计合同审批的阶段，一般包括初审（采购部门）、复审（法务部门）和最终审批（管理层）。在每个阶段确定审批的具体要求和标准。

3. 初步审查

（1）审核合同条款：审查合同的基本条款，包括价格、数量、规格、交货时间等。确保合同条款明确，无歧义。

（2）核对预算和财务分析：确认合同金额是否符合预算要求。分析合同的财务影响，如现金流、成本效益等。

（3）供应商资质审核：审查供应商的资质，确认其能力和信誉。确保供应商符合企业的供应商选择标准。

4. 法律审查

（1）法律合规性：法务部门审查合同是否符合法律法规要求。检查合同中是否存在着潜在的法律风险，如不合理的赔偿条款、违反竞争法规定等。

（2）保密协议和知识产权：确保合同中包含必要的保密协议。审核与知识产权相关的条款，确保企业权益不受侵犯。

（3）违约责任和解决争议方式：审查合同中关于违约责任的规定。确定争议解决的方式，如协商、调解、仲裁或诉讼。

5. 管理层审批

（1）高价值合同审批：针对高价值或重大合同，需要由高级管理层审批。审批时考虑合同的战略意义、长期影响和可能发生的风险。

（2）综合评估：综合考虑合同的经济效益、合作伙伴的稳定性和信誉、合同执行的可行性等。最终决策基于企业整体利益和战略目标。

6. 审批记录和归档

（1）记录保存：保存所有审批过程的记录，包括审批意见、修改历史和最终决策。这些记录对于未来的合同管理和争议解决非常重要。

（2）归档系统：将审批完成的合同存档于企业的合同管理系统。确保合同信息易于查询，便于未来的合同执行和监控。

7. 合同执行和后续管理

（1）执行监控：合同签署后，监控合同执行情况，确保双方履行合同义务。定期评估合同执行的效果，包括供应商绩效、成本控制和质量标准。

（2）合同调整：根据实际情况，可能需要对合同进行调整。任何合同变更都需要经过类似的审批流程。

采购合同的审批是确保企业在采购活动中风险最小化的关键步骤。这一过程涉及跨部门的协作，包括法律合规性、财务合理性和商业战略的综合考虑。一个有效的审批流程不仅有助于避免不必要的风险，还能提升企业的运营效率和合同执行的质量。通过精心设计和执行合同审批流程，企业能够在保护自身利益的同时，维护与供应商的良好合作关系。

三、采购合同的签订要点

在供应商合同管理中，采购合同的签订是一个重要环节，它涉及将双方商定的条款和条件正式化为法律文件。

1. 确保条款完整性

（1）明确产品或服务描述：清楚、详细地描述要采购的产品或服务，包括规格、数量、品质标准等。对于服务，需要详细说明服务的范围、标准和期限。

（2）确认价格和支付条款：明确价格条款，包括单位价格、总金额、可能的附加费用或折扣。规定支付方式（如转账、支票）、支付期限和付款条件。

（3）交货条款：明确交货时间、地点、方式和运输责任。如有特殊交货要求，如加急交货、分批交货等，应在合同中明确。

2. 合规性和法律条款

（1）符合法律法规：确保合同内容符合相关国家和地区的法律法规。对于国际采购，应考虑适用的国际贸易法规和关税政策。

（2）违约责任：规定合同违约的后果，包括违约金、赔偿责任等。明确违约的定义和处理流程。

（3）争议解决机制：确定争议解决的方式，如协商、调解、仲裁或诉讼。指定争议解决的地点和适用法律。

3. 质量控制和保证

（1）质量保证：供应商对产品或服务质量的保证，包括保质期、性能标准等。如有必要，可包括质量认证或测试报告的要求。

（2）售后服务和支持：规定售后服务的内容，如保修、维护、技术支持等。对于技术或复杂产品，可能需要详细的技术支持和培训条款。

4. 保密和知识产权

（1）保密协议：对于涉及敏感信息的采购，应包含保密协议。明确保密信息的范围、保密期限和责任。

（2）知识产权：明确合同执行中产生或使用的知识产权的归属和使用权利。规定双方在知识产权方面的权利和义务。

5.灵活性和变更管理

（1）合同修改和调整：规定合同修改和调整的条件和程序。为应对不可预见情况，合同应具有一定的灵活性。

（2）不可抗力条款：定义不可抗力情况，并规定在此情况下双方的责任和义务。不可抗力通常包括自然灾害、战争、罢工等不可预见且不可避免的事件。

6.签署程序

（1）确认授权代表：确保签署合同的双方代表具有相应的授权。对于重要合同，可能需要高层管理人员签署。

（2）双方签字盖章：合同须由双方授权代表签字，并在必要时加盖公司公章。确保合同的原件完整，各方保留副本。

7.后续管理和审计

（1）合同执行：签署合同后，定期检查合同的执行情况。确保双方均按照合同条款履行责任。

（2）审计和评估：定期对合同执行情况进行审计和评估。处理合同执行过程中出现的任何问题。

采购合同的签订是确保采购流程顺利进行的关键环节。一份详尽、全面的采购合同能够明确双方的权利和义务，减少风险，避免未来的纠纷。合同内容应针对具体情况进行制定，确保符合法律法规，同时满足企业的商业和运营需求。通过有效的合同管理，企业可以维护良好的供应商关系，保障业务的稳定运行。

四、采购合同的效力

在供应商合同管理中，采购合同的效力是指合同所具备的法律约束力、执行力以及它在商业交易中的作用和重要性。一个有效的采购合同不仅为买卖双方提供了法律保护，还确保了交易的顺利进行。

1.法律约束力

（1）合法性：合同在法律上是具有约束力的协议，要求双方遵守合同条款。必须在合法的框架内签订，符合所有相关法律法规。

（2）可执行性：一旦签署，合同成为可执行的法律文件。法院或仲裁机构可以强制执行合同条款。

（3）责任和义务：合同明确了双方的权利、责任和义务。违反合同条款可能导致法律后果，如赔偿损失等。

2. 商业执行力

（1）交易保障：合同为双方提供了交易的明确指导，减少了误解和沟通不畅的风险。包含有关产品质量、数量、交付、价格和付款等详细信息。

（2）风险管理：明确了在交易过程中可能出现的风险，并规定了风险的分配，包括违约责任、保证和担保以及如何处理不可预见的事件。

（3）预期管理：通过合同，双方可以设定合理的预期，如交货时间和服务标准等。有助于维护商业关系和提高客户满意度。

3. 合规性和适用性

（1）法律和法规遵守：确保合同内容符合当地法律、行业标准和国际规定。包括遵守《反腐败法》《反不正当竞争法》《知识产权法》等。

（2）适应性：合同需能够适应不同的业务需求和变化的市场条件，包括对技术变革、市场动态和法律变更的适应能力。

4. 灵活性和可调整性

（1）可变更性：在商业环境变化或出现新情况时，合同应允许双方进行适当的调整，包括变更条款、终止条件和修订程序等。

（2）不可抗力条款：对于不可控制的外部事件（如自然灾害、战争、政府行为），合同应有相应的处理方式。减轻或免除因不可抗力造成的违约责任。

5. 合同终止与解除

（1）终止条件：明确规定合同何时和如何终止，包括期满、目标实现或违约等情况。规定终止后的权利义务处理方式。

（2）解除权利：如果一方严重违约，另一方有权解除合同，包括解除合同的通知程序和后果。

6. 后续管理和审计

（1）执行监控：监控合同的执行情况，确保双方履行其义务。定期评估合同的效果和供应商的表现。

（2）合同审计：定期进行合同审计，确保合规性和合同执行的效果。解决执行过程中出现的问题。

采购合同在供应商合同管理中扮演着至关重要的角色，它不仅在法律上具有约束力，而且在商业上提供了执行力。有效的采购合同能够明确交易双方的责任和义务，降低法律风险，提高交易效率，同时有助于维护良好的商业关系。因此，企业在签订采购合同时，应确保合同内容全面、合法、合理，且符合双方的商业目标和需求。通过精心的合同管理，企业可以在保护自身利益的同时，促进业务的稳定和发展。

第二节　采购合同的履行及修改

在买手与供应商完成采购业务谈判，签订采购合同并正式生效后，就进入采购合同的履行阶段。[①] 采购合同的履行及修改是供应商合同管理中的重要环节，涉及合同条款的执行和在必要时对合同的调整。

一、采购合同的履行

采购合同的履行是供应商合同管理中的核心环节，涉及合同条款的执行以及确保供应商和买方均按照约定履行其责任。

1. 采购合同履行的准备阶段

（1）审查合同：在履行开始之前，相关团队需仔细审查合同的所有条款，以确保完全理解其义务和权利。特别注意交货时间、产品规格、质量要求、价格以及支付条件等关键条款。

（2）确定责任和角色：明确企业内部各个部门（如采购、财务、运营、法务等）在合同履行中的角色和责任。为履行合同设定内部时间表和里程碑。

（3）沟通与协调：与供应商建立有效的沟通渠道，确保双方对合同条款有共同的理解。定期举行会议，跟进合同履行的进展。

2. 采购合同执行阶段

（1）交付和验收：监控供应商的交付进度，确保产品或服务按时交付。对交付的产品或服务进行验收，确保符合合同规定的质量和规格。

---

① 顾国建.超级市场营销管理[M].上海：立信会计出版社，2000:105.

（2）质量控制：实施质量控制措施，如抽样检验、性能测试等，确保产品满足要求。如发现质量问题，应及时与供应商沟通并采取纠正措施。

（3）付款处理：根据合同条款及时处理付款事宜。保证付款准确无误，符合合同规定的时间表。

（4）记录和文档管理：记录合同履行过程中的关键信息，如交付记录、验收报告、付款凭证等。确保所有文档准确、完整，便于未来参考或审计。

3. 问题处理和纠正措施

（1）问题识别：在合同执行过程中，及时识别和记录任何问题，如延迟交付、产品不符合规格等。采取积极的态度解决问题，避免小问题演变成大问题。

（2）沟通与解决：与供应商及时沟通，共同寻找问题的原因和解决方案。必要时召开会议或进行现场访问，以更好的理解和处理问题。

（3）纠正措施：根据合同条款和双方协商的结果，实施纠正措施，包括替换不合格产品、延期交付、修改订单等。

4. 采购合同变更管理

（1）变更的需求：在市场环境变化、技术进步或其他外部条件变化时，可能需要对合同进行修改。变更可能涉及价格、规格、数量、交付时间等。

（2）变更流程：遵循合同中规定的变更流程，包括书面提出变更请求、双方协商等。确保任何变更都经过正式的审批，并有书面文件记录。

（3）变更实施：实施合同变更后，确保所有相关部门和供应商都清楚变更内容。调整内部流程和计划，以适应合同变更。

5. 采购合同履行的结束

（1）完成履行：当所有合同义务都已履行完毕，标志着合同履行的结束。进行最终的质量检查和财务结算。

（2）合同评估：在合同履行结束后，进行合同执行的回顾和评估。评估供应商的表现，收集学习经验，为未来的合同履行提供参考。

采购合同的履行是一个动态和复杂的过程，需要有效的协调、严格的监控和灵活的应对策略。在整个过程中，保持与供应商的良好沟通是关键，同时确保合同的每一条款都得到妥善执行。合同履行的成功不仅取决于供应商的表现，还依赖于买方在管理、监控和沟通方面的能力。通过有效的合同管理，企业可以确保供应链的稳定性，降低运营风险，并提升整体业务效率。

二、采购合同的修改

采购合同的修改是供应商合同管理中的一个关键环节，特别是在面对市场变化、技术进步或其他运营需求变动时。

1. 确定修改的必要性

（1）环境或条件变化：根据市场环境变化、供应链变动、技术更新等因素，评估合同条款是否还适应当前情况。例如，原材料成本变化、新的法律法规、供应商能力变化等。

（2）双方需求调整：双方的业务需求可能随时间发展而变化，需要对合同进行调整以反映新的需求，如产品规格更新、数量调整、交付时间延迟等。

2. 审查现有合同

（1）现行合同条款：仔细审查现行合同，特别是变更、终止和违约条款。确定合同中关于修改的规定和限制。

（2）合同弱点和风险：评估现行合同中的弱点和潜在风险。识别需要修改或加强的条款。

3. 提出合同修改

（1）变更请求：一方提出变更请求，通常以书面形式，明确指出希望修改的内容，包括具体修改的条款、理由和期望的结果。

（2）初步协商：与对方进行初步协商，讨论变更请求的可行性和影响。强调修改对双方的好处，寻求共同点。

4. 合同修改协商

（1）深入讨论：双方深入讨论修改的细节，可能涉及多轮协商。考虑对双方的影响，力求达成共识。

（2）法律和财务评估：法律顾问对修改条款进行法律合规性审查。财务专家评估修改对预算和成本的影响。

5. 修改协议的起草与审查

（1）起草修改协议：根据协商结果起草修改协议，明确指出合同哪些部分被修改、新的条款是什么。确保修改协议清晰、准确无歧义。

（2）双方审查：双方都需要审查修改协议，确保它完全符合协商结果。可能需要往返多次，以确保双方都对协议满意。

6. 签署修改协议

（1）正式签署：双方代表在修改协议上签字，正式确认修改。签字通常由授权的公司代表进行。

（2）记录和归档：将签署的修改协议作为原合同的附件，一并保存。确保相关部门和员工了解合同的最新版本。

7. 实施和监控

（1）实施修改：根据修改后的合同调整内部流程和操作。通知所有受影响的部门和个人，确保他们了解并遵循新的合同条款。

（2）监控和调整：监控修改实施的效果，确保修改达到预期目的。必要时对实施过程进行进一步的调整。

8. 持续沟通

修改后的合同需要双方持续沟通和合作，确保顺利执行。任何执行过程中出现的问题都应及时沟通和解决。

采购合同的修改是一项重要且必要的过程，它使合同能够适应变化的商业环境和双方的需求。有效的合同修改不仅需要仔细的协商和合法的程序，还需要双方的透明沟通和协作。通过精心管理合同修改，企业可以确保合同始终符合其业务目标和运营需求，同时维护与供应商的稳固关系。

第三节　采购合同的督导与终止

一、对采购合同履约督导的一般规定

采购合同履约督导是指对采购合同执行过程的监督和管理，以确保合同的各项条款得到妥善履行。有效的履约督导对于保障供应链的顺畅运行和降低商业风险至关重要。

1. 合同审查和理解

（1）完整审查：在履约前，彻底审查和理解合同的所有条款，包括但不限于交货、质量、价格和付款条件。确保合同的每一项义务和责任都清晰明了。

（2）内部培训：对涉及合同履行的内部员工进行培训，确保他们理解合同条款和履行要求。特别针对合同的关键条款进行解释和说明。

2. 建立履约监控机制

（1）监控系统：建立有效的合同履行监控系统，包括进度跟踪、质量检查和成本控制。使用项目管理工具和软件来协助监控。

（2）关键绩效指标（KPI）[1]：定义和跟踪关键绩效指标，以评估合同履行的效果。KPI 包括交货时间、产品质量、成本控制等。

3. 定期沟通和会议

（1）定期更新：与供应商定期沟通，获取合同履行的最新进展和可能发生的问题。定期举行会议，讨论履约状态、遇到的挑战和改进措施。

（2）沟通渠道：明确沟通的渠道和联系人，确保信息的准确传达。对于重要或紧急事项，应采取直接和高效的沟通方式。

4. 交付和验收

（1）交付监控：监控供应商的交货进度，确保按时交付。对于延期交付的情况，及时了解原因并采取相应措施。

（2）验收流程：对供应商交付的产品或服务进行验收，确保符合合同规定的质量和规格。验收过程应有明确的标准和程序。

5. 质量控制和合规性检查

（1）质量检验：实施质量控制措施，确保产品或服务符合合同要求和标准。对于不符合标准的产品，应采取返工、退货或索赔等措施。

（2）合规性：定期检查合同履行是否符合相关法律法规和行业标准，包括健康和安全标准、环境标准等。

6. 付款和财务管理

（1）付款条件：根据合同规定的付款条件处理付款，包括支付时间和方式。

---

① 郭佳佳. 关键绩效指标在企业绩效考核中的应用 [J]. 四川劳动保障，2024，(05): 132-133.

确保付款准确无误，符合合同要求。

（2）成本监控：监控与合同履行相关的成本，确保在预算范围内。对任何超支情况进行分析和管理。

7. 问题处理和纠纷解决

（1）问题识别和解决：及时识别和解决履约过程中出现的问题。采用协商、调解或其他适当方法解决问题和纠纷。

（2）记录和报告：记录合同履行过程中的所有重要事件和问题处理情况。定期编制履约报告，向管理层报告履约情况。

8. 合同履行的完成和评估

（1）履行完成：当所有合同义务均已履行完毕，标志着合同履行的完成。进行最终的验收和财务结算。

（2）履约评估：在合同履行结束后，进行履约的回顾和评估。评估包括供应商的表现、合同管理流程的有效性以及取得的成果。

有效的采购合同履约督导对于确保合同的顺利执行至关重要。它不仅包括对合同条款的严格遵守，还包括对整个履约过程的持续监控和管理。通过有效的履约督导，企业可以及时发现和解决问题，保持与供应商的良好关系，同时确保企业的商业利益得到保护。在整个过程中，沟通和协调是关键，需要确保所有相关部门和供应商在合同履行过程中保持一致性和透明度。

二、国内采购合同履约督导要点

国内采购合同履约督导要点涉及确保采购合同在国内执行过程中的各项条款得到妥善履行，同时满足法律法规、质量标准和商业目标。

1. 合同审核与理解

（1）审核合同条款：在履约开始前，彻底审核合同文本，重点关注交货、质量、价格、付款条件等关键条款。确保合同条款与国内法律法规相符。

（2）内部沟通和培训：对涉及合同履行的员工进行培训，确保他们理解合同条款和履行要求。通过内部会议和沟通保证信息的一致性和准确性。

2. 履约监控体系建立

（1）进度跟踪：利用项目管理工具跟踪合同履行的进度。设定定期检查点，评估进度并解决遇到的问题。

（2）关键绩效指标（KPI）：定义关键绩效指标，如交货准时率、产品质量、成本控制等。定期收集和分析相关数据，评估履约情况。

3. 供应商管理

（1）供应商交流：与供应商保持定期交流，跟踪其履约情况。通过会议或现场访问，确保供应商了解和遵守合同要求。

（2）供应商绩效评估：定期评估供应商的履约表现，包括质量、交货、服务等方面。根据评估结果调整供应商关系和采购策略。

4. 质量控制与验收

（1）质量检验：实施质量控制措施，确保产品或服务符合合同规定的标准。对于重要或高风险产品，实行更严格的检验程序。

（2）验收流程：建立清晰的产品验收流程和标准。对于不合格产品实施返工、退货或索赔等措施。

5. 付款与财务管理

（1）付款条件遵守：根据合同规定的付款条件处理付款事宜。确保付款准确无误，符合合同要求。

（2）财务监控：监控与合同履行相关的成本，确保在预算范围内。对任何超支情况进行分析和管理。

6. 风险管理

（1）风险识别：识别合同履行过程中可能出现的风险，如供应中断、价格波动等。对潜在风险进行评估和分类。

（2）风险应对措施：制定针对不同风险的应对措施，如建立备用供应商、价格锁定等。在出现风险时迅速采取行动，减轻影响。

7. 合同变更管理

（1）变更程序：对于必要的合同变更，遵循合同中规定的变更请求和审批流程。确保变更过程透明，且双方同意。

（2）变更记录：记录所有合同变更的详细信息，包括变更原因、变更内容和双方的同意。更新合同文档，保证信息的一致性。

8. 问题解决与纠纷处理

（1）问题及时解决：对履约过程中出现的问题及时响应和解决。通过协商或其他合适的方式处理合同纠纷。

（2）法律咨询：在处理复杂的合同纠纷时，可寻求法律专家的咨询和协助。确保解决方案符合法律规定，保护公司利益。

有效的采购合同履约督导对于保障合同的顺利执行至关重要。它不仅包括对合同条款的严格遵守，还包括对整个履约过程的持续监控和管理。通过有效的履约督导，企业可以及时发现和解决问题，保持与供应商的良好关系，同时确保企业的商业利益得到保护。在整个过程中，沟通和协调是关键，需要确保所有相关部门和供应商在合同履行过程中保持一致性和透明度。

三、解除采购合同

解除采购合同是一个复杂的过程，涉及法律、商业和关系管理等多个方面。

1. 审查合同条款

（1）审查解除条件：仔细审查合同中关于解除的条款，理解解除合同所需满足的条件和程序。注意是否有关于解除合同的通知期限、方式和可能的违约金等条款。

（2）识别合法理由：确定是否存在合法理由解除合同，如违约、不可抗力、合同目的无法实现等。评估解除合同的法律后果，包括可能的赔偿责任。

2. 评估商业后果

（1）商业影响：评估解除合同对公司运营的影响，如供应中断、成本增加等。考虑对公司声誉和与供应商的长期关系可能造成的影响。

（2）替代方案：在解除合同前，考虑并准备替代方案满足公司的需求。比较继续履行合同与解除合同的成本和利益。

3. 沟通与协商

（1）与供应商沟通：与供应商进行沟通，讨论合同履行的问题和解除合同的可能性。探索是否有可能通过协商解决问题，而不是直接解除合同。

（2）协商解除：如果双方同意解除合同，尝试通过友好协商的方式达成一致。协商解除合同的具体条款，如剩余货物的处理、已付款项的退还等。

4. 法律咨询

（1）法律顾问：在解除合同前咨询法律顾问，确保解除合同的决定符合法律规定。理解解除合同可能涉及的法律风险和责任。

（2）编制法律文件：根据法律顾问的建议，准备解除合同的法律文件，如解除通知书。确保文件内容准确，符合法律要求。

5. 正式解除合同

（1）发送解除通知：根据合同规定的方式和期限发送解除合同的正式通知。通知中应明确解除的理由、生效日期和后续处理方式。

（2）确认接收：确保供应商接收并确认解除通知。可能需要书面确认或电子邮件回执。

6. 后续处理

（1）后续协议：如有必要，与供应商签订后续协议，处理解除合同后的相关事宜，包括货物退回、款项结算、保密信息处理等。

（2）内部调整：在公司内部进行必要的调整，以应对解除合同带来的变化，包括库存管理、预算调整、替代供应商的寻找等。

7. 记录保存

（1）文档保存：保存所有与解除合同相关的文档和通信记录。这些记录在未来可能用于法律争议解决或内部审计。

（2）经验总结：对解除合同的过程进行总结，学习经验，以优化未来的合同管理和风险控制。

解除采购合同是一个需要慎重考虑的决定，涉及复杂的法律、商业和关系管理因素。在决定解除合同前，必须全面评估可能的法律后果和商业影响，并尽可能通过沟通和协商寻求解决方案。在整个过程中，保持专业、透明和合法是至关重要的。通过有效的沟通、协商和合适的法律支持，可以有效地管理解除合同的风险，保护企业的利益。

四、终止采购合同

终止采购合同是一个涉及法律、商业和关系管理等多个方面的复杂过程。

1. 审查合同条款

（1）审查终止条款：仔细审查合同中关于终止的条款，了解终止合同所需满足的条件、程序和可能的后果。注意是否有关于终止合同的通知期限、方式和违约金等条款。

（2）识别合法理由：确定是否存在合法理由终止合同，如违约、不可抗力、合同目的无法实现等。评估终止合同的法律后果，包括可能的赔偿责任。

2. 评估商业后果

（1）商业影响：评估终止合同对公司运营的影响，如供应中断、成本增加等。考虑对公司声誉和与供应商的长期关系可能造成的影响。

（2）替代方案：在终止合同前，考虑并准备替代方案满足公司的需求。比较继续履行合同与终止合同的成本和利益。

3. 沟通与协商

（1）与供应商沟通：与供应商进行沟通，讨论合同履行的问题和终止合同的可能性。探索是否有可能通过协商解决问题，而不是直接终止合同。

（2）协商终止：如果双方同意终止合同，尝试通过友好协商的方式达成一致。协商终止合同的具体条款，如剩余货物的处理、已付款项的退还等。

4. 法律咨询

（1）法律顾问：在终止合同前咨询法律顾问，确保终止合同的决定符合法律规定。理解终止合同可能涉及的法律风险和责任。

（2）准备法律文件：根据法律顾问的建议，准备终止合同的法律文件，如终止通知书等。确保文件内容准确，符合法律要求。

5. 正式终止合同

（1）发送终止通知：根据合同规定的方式和期限发送终止合同的正式通知。通知中应明确终止合同的理由、生效日期和后续处理方式。

（2）确认接收：确保供应商接收并确认终止通知。可能需要书面确认或电子邮件回执。

6. 后续处理

（1）后续协议：如有必要，与供应商签订后续协议，处理终止合同后的相关事宜，包括货物退回、款项结算、保密信息处理等。

（2）内部调整：在公司内部进行必要的调整，以应对终止合同带来的变化，包括库存管理、预算调整、替代供应商的寻找等。

7. 记录保存

（1）文档保存：保存所有与终止合同相关的文档和通信记录。这些记录在未来可能用于法律争议解决或内部审计。

（2）经验总结：对终止合同的过程进行总结，学习经验，以优化未来的合同管理和风险控制。

终止采购合同是一个需要慎重考虑的决定，涉及复杂的法律、商业和关系管理因素。在决定终止合同前，必须全面评估可能的法律后果和商业影响，并尽可能通过沟通和协商寻求解决方案。在整个过程中，保持专业、透明和合法是至关重要的。通过有效的沟通、协商和合适的法律支持，可以有效地管理终止合同的风险，保护企业的利益。

第四节　采购合同日常管理及注意事项

采购合同的日常管理是一个全面的过程，涉及对合同条款的执行、监督和更新，以确保合同的有效履行和避免潜在风险。

1. 合同存档和记录

（1）文档管理：妥善保存所有合同文档，包括合同本身、附件、变更记录以及相关通信记录。使用电子存档系统，确保文档易于检索和访问。

（2）数据库维护：将合同信息输入数据库中，包括供应商信息、合同金额、有效期等。定期更新数据库，确保信息的准确性。

2. 合同履行监控

（1）进度跟踪：持续跟踪合同履行的进度，确保按照约定的时间表执行。使用进度跟踪工具或软件来监控关键里程碑。

（2）质量控制：对供应商交付的产品或服务进行定期的质量检查。确保产品或服务符合合同规定的质量标准。

3.沟通和关系管理

（1）与供应商沟通：与供应商保持定期沟通，了解他们的履约情况，及时解决合作过程中的问题。对于重要的供应商，与其建立更紧密的合作关系。

（2）内部协调：与公司内部相关部门（如采购、财务、运营等）保持良好沟通和协调。确保合同履行与公司的整体运营策略一致。

4.财务管理和付款

（1）付款安排：按照合同条款安排付款，确保及时、准确。监控预算和实际支出，避免超支。

（2）发票处理：核对收到的发票，确保其与合同条款和实际交付相符。如发现差异，及时与供应商沟通解决。

5.风险管理

（1）风险评估：定期对合同执行过程中的潜在风险进行评估，包括供应风险、质量风险、合规风险等。

（2）风险应对措施：针对识别的风险，制定相应的应对措施，包括建立应急计划、调整采购策略等。

6.合同的修改和更新

（1）监控变化：关注市场和业务环境的变化，评估这些变化对合同的影响。定期审查合同，确保其仍符合当前的业务需求和市场条件。

（2）变更管理：如果需要修改合同，按照合同中规定的程序进行。确保所有变更都能得到适当的审查、批准和文档化。

7.合规性检查

（1）法律合规性：定期检查合同的执行是否符合相关法律法规。特别注意反贪污、反垄断等合规性问题。

（2）内部政策遵守：确保合同的执行符合公司的内部政策和程序。如有冲突，及时调整以确保合规。

8.绩效评估与优化

（1）绩效评估：定期对合同执行进行绩效评估，包括供应商表现、成本效益和合同管理流程的效率。

（2）持续改进：根据评估结果，寻求持续改进的机会，包括优化采购流程、提高合同管理效率等。

采购合同的日常管理是确保合同有效执行和最大化合同价值的关键。它要求对合同条款的严格遵守、对履行过程的持续监控以及与供应商的有效沟通和协调。通过有效的管理和监督，企业可以减少风险、优化成本和提高运营效率。此外，持续的评估和改进有助于提升合同管理的整体效果，从而支持企业的长期成功和可持续发展。

第九章　供应商交货期管理

第一节　供应商交货期管理概述

供应商交货期管理是指企业对供应商的交货时间进行规划、协调、监控和优化的过程。这一管理活动对于确保供应链的流畅运作、降低运营成本、提升客户满意度以及增强市场竞争力具有重要意义。

一、供应商交货期管理的意义

供应商交货期管理在现代企业的供应链管理中具有重要的意义，其重要性体现在多个方面，对企业的运营和发展有着深远的影响。

第一，供应商交货期管理直接关系到企业的生产计划和生产效率。供应商能否按时交付货物，直接决定了企业是否能够按计划进行生产，保证生产线的连续运转。如果供应商交货延误，将会导致企业生产计划的混乱和生产中断。这不仅影响企业的生产效率和生产能力，还影响企业的生产成本和市场竞争力。

第二，供应商交货期管理关系到企业的库存管理和资金运营。如果供应商未能按时交付货物，企业可能被迫增加库存以应对生产中断或供应延迟的风险，这将导致库存成本的增加，影响企业的资金流动和资金运营。另外，库存过多还可能导致资金被困在库存中，无法及时用于其他投资或运营活动，影响企业的资金利用效率。

第三，供应商交货期管理关系到企业的客户满意度和市场形象。客户往往根据商定的交货期来规划自己的生产计划和库存管理，如果供应商未能按时交付货物，不仅会影响客户的生产计划和交付计划，还会影响客户的满意度。长期以来，客户满意度被视为企业成功的关键指标之一，高水平的客户满意度有助于提升企业的品牌形象和市场竞争力。

第四，供应商交货期管理关系到企业的供应链稳定性和风险管理。供应链是企业的重要组成部分，它的稳定性直接关系到企业的生产运营和市场竞争力。如果供应商频繁延误交货或交货不稳定，将会给企业的供应链造成不小的冲击，导致生产中断、订单延迟等问题，进而影响企业整体的生产效率和市场形象。因此，通过有效的供应商交货期管理，可以提高供应链的稳定性，降低供应链的风险，确保供应链的顺畅运作。

第五，供应商交货期管理关系到企业的财务状况和利润水平。延误交货可能导致企业面临违约金、赔偿客户等额外成本，同时会影响企业的现金流和资金周转。因此，通过有效的供应商交货期管理，可以降低额外成本，保护企业的财务利益，维护企业的健康发展。

综上所述，供应商交货期管理对企业的运营和发展具有重要的意义。通过有效管理供应商的交货期，可以保证企业的生产计划和生产效率，优化企业的库存管理和资金运营，提升客户满意度和市场形象，稳定供应链并降低风险，保护企业的财务利益和实现可持续发展。因此，企业应高度重视供应商交货期管理工作，建立完善的管理体系，加强与供应商之间的沟通和合作，确保交货期的准时性，从而推动企业的持续发展。有效的供应商交货期管理不仅是一项日常业务活动，更是构建强大供应链体系的基础，为企业赢得市场竞争优势提供了有力保障。

在现代商业环境中，市场竞争激烈，客户的需求变化迅速，供应链的高效运作成为企业取得成功的重要因素之一。供应商交货期管理作为供应链管理中的核心环节，直接关系到企业的生产能力、客户满意度以及市场竞争力。因此，企业需要重视供应商交货期管理，不断优化管理流程和方法，提高管理水平和效率，以应对市场竞争带来的各种挑战和压力。

同时，随着全球化的发展和供应链的复杂化，供应商交货期管理也面临着新的挑战和机遇。企业需要不断创新和改进管理模式，加强与供应商之间的合作和沟通，共同应对市场变化和风险，提高供应链的灵活性和应变能力。通过建立开放式的合作伙伴关系，实现信息共享和资源整合，构建高效、稳定和可持续的供应链体系，为企业的可持续发展打下坚实基础。

总之，供应商交货期管理对企业的意义重大，不仅关系到企业的生产计划、客户满意度和市场竞争力，更关乎企业的生存和发展。只有通过有效的管理和控制，不断优化供应链管理体系，才能确保供应商能够按时交付货物，维护企业的正常生产和运营，并在激烈的市场竞争中立于不败之地。因此，企业应该高度重视供应商交货期管理工作，不断完善管理机制和方法，提高管理水平和能力，为企业的可持续发展提供有力支持。

二、供应商交货期管理的内容

1. 交货期规划

（1）需求预测：基于市场和销售数据预测原材料需求。

（2）交货时间协商：与供应商协商确定合理的交货时间。

2. 交货期协调

（1）供应链协同：与供应商协调确保整个供应链的流畅运作。

（2）订单管理：确保订单信息准确，并与供应商交货期相匹配。

3. 交货期监控

（1）跟踪和监控：实时跟踪供应商的生产和交货状态。

（2）性能评估：定期评估供应商的交货准时率和可靠性。

4. 交货期优化

（1）持续改进：基于监控数据和性能评估进行交货流程的持续改进。

（2）风险管理：识别潜在的交货延迟风险并制定应对措施。

三、供应商交货期管理的挑战和策略

在现代商业环境下，供应商交货期管理面临着诸多挑战，如供应链的复杂性、市场需求的不确定性、供应商能力的不稳定性等。有效的策略和方法可以帮助企业克服这些挑战，确保供应商交货期的准时性和稳定性。

1. 挑战

（1）供应链的复杂性：供应链涉及多个环节和参与者，其中包括原材料供应商、生产商、分销商等。供应链的复杂性使得信息传递和协调变得困难，从而增加了交货期管理的难度。

（2）市场需求的不确定性：市场需求的变化具有不确定性，这使得企业很难准确预测未来的需求量和需求变化趋势。如果企业无法准确预测市场需求，将会导致供应商交货期的不稳定性，影响企业的生产计划和客户满意度。

（3）供应商能力的不稳定性：供应商的能力受诸多因素的影响，如生产设备、人力资源、原材料供应等。供应商的能力不稳定会导致交货延误的风险增加，影响企业的生产计划和供应链稳定性。

2. 策略

（1）建立供应链透明度：企业应该与供应商建立良好的合作关系，建立供应链的透明度。通过信息共享和数据分析，实现对供应链各个环节的实时监控和跟踪，及时发现问题并采取措施加以解决，提高供应链的可视化程度，降低交货风险。

（2）需求规划与预测：企业需要建立有效的需求规划和预测机制，通过市场调研和数据分析，准确预测市场需求的变化趋势，以便及时调整供应链的生产计划和采购计划，确保供应商能够按时交付货物。

（3）供应商绩效评估与管理：企业应建立完善的供应商绩效评估体系，对供应商的交货准时率、交货质量、客户投诉率等指标进行评估和监控。通过定期评估供应商的绩效，发现并纠正供应商的不足之处，促使其改进交货效率和质量水平。

（4）建立备选供应商和备用计划：企业应建立备选供应商和备用计划，以应对突发情况和供应链中断的风险。通过与多个供应商建立合作关系，并制订应急预案和备用计划，可以在供应商交货延误或中断的情况下，及时调整采购计划和生产计划，保障企业的生产和供应链的稳定性。

（5）技术与信息化支持：企业可以借助信息技术和数字化工具，提高供应链管理的效率和精准度。通过采用供应链管理软件、物流跟踪系统等技术工具，实现对供应链的智能化管理和数据化分析，提高供应链的响应速度和准确性，降低交货风险。

（6）建立合作伙伴关系：企业应该与供应商建立起长期稳定的合作伙伴关系，共同应对市场变化和挑战。通过加强与供应商之间的沟通和合作，建立互信关系，提高供应商的责任感和使命感，促进供应链的顺畅运作和交货期的稳定性。

综上所述，供应商交货期管理面临诸多挑战，如供应链的复杂性、市场需求的不确定性、供应商能力的不稳定性等。通过建立供应链透明度、需求规划与预测、供应商绩效评估与管理、建立备选供应商和备用计划、技术与信息化支持、建立合作伙伴关系等一系列策略，企业可以有效应对这些挑战，提高供应商交货期的准时性和稳定性，保障企业的正常生产和供应链的顺畅运作。

四、供应商交货期管理的培训

供应商交货期管理对企业的运营和供应链管理至关重要。因此，为了确保供应商能够按时交付货物，企业需要对相关人员进行培训，以提升他们的交货期管理能力。

首先，培训内容应该包括对交货期管理的基本概念和重要性的介绍。培训师可以解释交货期管理对企业运营的重要性，以及交货延误可能带来的影响，如生产中断、库存积压、客户投诉等。通过向参与培训的人员清晰地传达这些信息，可以增强他们对交货期管理工作的重视和认识，提高其责任感和使命感。

其次，培训内容应涵盖交货期管理的具体方法和技巧。培训师可以介绍一些有效的跟催方法，如建立良好的沟通渠道、制定明确的交货期要求、及时获取和跟踪交货信息等。同时，还可以介绍如何建立供应商绩效评估体系、建立供应商风险管理机制等相关内容，以提高参与培训的人员在交货期管理方面的实际操作能力。

再次，培训内容应该包括相关工具和技术的介绍和应用。企业可以向参与培训的人员介绍一些供应链管理软件和工具，如供应链信息化系统、供应商绩效评估软件等，以帮助他们更好地进行交货期管理工作。同时，还可以通过案例分析和角色扮演等方式，让参与培训的人员亲身体验并应用所学的工具和技术，加深对其理解和掌握。

复次，培训内容还应该包括与供应商沟通和合作的技巧。企业可以向参与培训的人员介绍一些有效的沟通技巧，如倾听、表达清晰的要求、建立互信关系等，以提高他们与供应商之间的沟通效率和合作效果。同时，还可以通过角色扮演和模拟场景训练等方式，让参与培训的人员实践这些沟通和合作技巧，提高其应对实际工作中的挑战的能力。

最后，培训应该是持续的和循序渐进的。企业可以定期组织相关培训活动，不断强化和加深参与培训人员的交货期管理意识和能力。同时，还可以根据实际工作需要，逐步拓展培训内容和深化培训层次，提高培训的针对性和实效性。通过持续的培训，可以不断提升参与培训的人员在交货期管理方面的专业水平和综合素质，为企业的供应链管理提供强有力的支持。

综上所述，通过对相关人员进行有效的供应商交货期管理培训，可以提高他们在交货期管理方面的认识和能力，从而确保供应商能够按时交付货物，维护企业的正常生产和运营。企业可以通过介绍交货期管理的基本概念和重要性、介绍具体方法和技巧、介绍相关工具和技术、培养沟通和合作技巧，以及持续的培训等一系列措施，来提高供应商交货期管理的效果和实效。

第二节　适当交货期控制

适当交货期控制是指企业在供应链管理过程中采取的一系列措施，以确保供应商能够在预定的时间内完成交货，同时保持交货过程的高效率和成本效益。这种控制涉及对供应商交货性能的规划、监控、协调和优化，旨在平衡库存成本、生产需求和市场响应速度。

一、概述

1. 适当交货期控制的重要性

（1）保证生产连续性。①防止停工：确保原材料和关键组件的及时到货，避免因缺货导致的生产中断。②生产计划的稳定性：通过准时的交货维持生产计划的稳定执行。

（2）优化库存管理。①减少库存成本：通过精确的交货控制，减少不必要的库存积压。②提高库存周转率：通过改进交货控制，加快库存周转。

（3）提高客户满意度。①满足交货期限：确保最终产品能够按时交付客户。②增强市场响应能力：通过有效的交货期控制，快速响应市场变化。

（4）控制运营成本。①降低紧急采购成本：减少因交货延误导致的额外采购和运输成本。②提高资源利用效率：通过有效的交货控制，更合理地利用生产资源。

2. 适当交货期控制的实施方法

（1）交货期规划。①需求预测：基于市场和销售数据对物料需求进行准确预测。②交货时间协商：与供应商协商确定合理的交货时间和条件。

（2）实时监控。①交货状态跟踪：实时监控供应商的生产和交货状态。②预警系统：建立预警机制，对可能的交货延误及时响应。

（3）协调和沟通。①内外部协调：确保内部部门（如采购、生产、物流等）与供应商之间的有效沟通和协调。②供应商关系管理：与供应商建立稳定的合作关系，促进信息共享和问题解决。

（4）风险管理。①风险识别：评估可能影响交货的风险，如供应商的生产能力、物流问题等。②应对策略：制定应对供应中断或交货延迟的策略。

3. 适当交货期控制的挑战与对策

（1）挑战。①供应商的可靠性：供应商可能无法始终保证交货的准时性。②市场和需求变化：市场波动和需求的不确定性可能影响交货计划。

（2）对策。①多元化供应商策略：不过分依赖单一供应商，通过多元化减少风险。②灵活的库存策略：根据市场和供应状况调整库存策略，如采用准时制（JIT）库存管理。③技术支持和系统：利用先进的供应链管理软件和 ERP 系统进行更精确的预测和监控。

适当的交货期控制对于确保供应链的高效运作和降低运营成本至关重要。通过有效的规划、监控、沟通和风险管理，企业可以确保供应商的交货与生产需求相匹配，同时提高库存管理的效率。面对交货期管理的挑战，企业需要采取灵活的策略，维护良好的供应商关系，并充分利用技术工具来提高管理的精准性和效率。这样企业不仅能提升客户满意度，还能在竞争日益激烈的市场中保持优势。

二、供应商交货事前计划

供应商交货事前计划是指企业在接收供应商交货之前所进行的一系列准备和规划活动。这些活动旨在确保供应商的交货能够满足企业的需求，同时保证供应链的高效运作和成本控制。供应商交货事前计划涉及对供应商交货的预测、需求分析、物流安排、库存管理等多个方面。以下是对供应商交货事前计划的详细介绍。

1. 供应商交货事前计划的重要性

（1）保证物料供应。①及时补充库存：确保生产所需的原材料和组件能够按时到达，减少生产中断的风险。②避免过剩库存：通过准确的需求预测，避免过多库存积压，节省库存成本。

（2）提高供应链效率。①优化生产计划：根据准时的物料供应，更有效地规划生产活动。②降低紧急采购成本：减少因交货延误而产生的紧急采购和加急运输的成本。

（3）增强客户满意度。①满足交货期限：确保最终产品能够按时交付客户。②提高产品质量：及时的物料供应有助于维持和提升产品质量。

2. 供应商交货事前计划的内容

（1）需求预测和分析。①销售数据分析：基于历史销售数据预测未来的物料需求。②市场趋势考量：考虑市场变化、季节性因素对物料需求的影响。

（2）交货时间和数量的协调。①交货时间安排：与供应商协调确定合理的交货时间。②订单数量优化：基于需求预测和库存水平，确定合适的订单数量。

（3）物流和运输安排。①运输方式选择：根据交货时间和成本选择合适的运输方式。②运输路径优化：规划高效的运输路径，减少运输时间和成本。

（4）库存管理。①库存水平监控：持续监控库存水平，确保满足生产需求而又不过度积压。②安全库存设置：设定安全库存水平，以应对突发事件。

（5）风险管理。①供应风险评估：识别可能影响交货的风险，如供应商的生产问题、运输延迟等。②应对策略制定：制订应对供应中断、交货延误的备用计划。

3. 供应商交货事前计划的挑战和策略

（1）挑战。需求的不确定性，预测误差可能导致物料供应不足或过剩。供应商可能无法始终准时交货。运输延迟、成本上升等因素增加物流管理的复杂性。

（2）策略。多元化供应源，建立多个供应商，减少对单一供应商的依赖。建立良好的沟通机制，与供应商保持良好的沟通，及时了解和反馈信息。利用先进的技术工具，如采用 ERP 系统、供应链管理软件等工具提高预测准确性和库存管理效率。

4. 供应商交货事前计划的实施步骤

（1）制订计划：识别生产过程中的关键物料和组件。制定物料需求和交货时间表。

（2）协调和沟通：就交货时间、数量和条件与供应商进行协商。确保生产、采购、物流等部门之间的协调一致。

（3）监控和调整：跟踪供应商的交货进度和物料库存水平。根据实际情况调整订单和物流安排。

供应商交货事前计划是确保企业供应链高效运作的关键环节。通过有效的需求预测、交货时间协调、物流安排和库存管理，企业可以确保物料按时到达，支持生产活动，并最终提高客户满意度和市场竞争力。面对交货计划的挑战，企业需要采取灵活的策略，并利用先进的技术工具来提高计划的准确性和效率。通过这些努力，企业能够建立起强大而灵活的供应链，有效应对市场变化和业务需求。

三、交货期的事中管理

交货期的事中管理是指在供应商的交货过程中，企业进行的实时监控和管理活动，以确保供应商按照预定的时间和条件准时交货。这一管理过程包括监控交货状态、协调内部和外部资源、处理交货中出现的问题，以及及时调整计划以应对变化。以下是对交货期的事中管理的详细介绍。

1. 交货期事中管理的重要性

（1）确保按时交货：对交货过程中出现的任何延误或问题进行快速响应，确保物料及时到达。保障生产线的连续运作，避免因物料延误造成的生产中断。

（2）提高供应链效率：实时监控帮助优化整个供应链的流程，提高整体效率。减少因交货不确定性导致的过度或不足库存。

（3）成本控制：及时发现和处理交货问题，减少紧急采购的成本。优化库存水平，降低仓储和资金占用成本。

（4）客户满意度：确保最终产品能够按时完成，提高客户满意度。及时交货提高企业的市场响应能力。

2. 交货期事中管理的内容

（1）实时监控：利用 ERP 系统或供应链管理软件跟踪订单的实时状态。建立预警机制，当交货进度偏离计划时及时发出通知。

（2）内部协调：根据实际交货情况调整生产计划和排程。根据交货进度调整库存策略，确保库存水平适宜。

（3）供应商沟通：向供应商反馈交货进度，协调解决交货中的问题。与供应商保持良好的沟通和协作关系。

（4）问题处理：针对交货延误或其他问题，实施预先制订的应急计划。根据实际情况调整订单数量或交货时间。

（5）性能评估：评估供应商的交货准时率和问题处理能力。审查内部流程的效率和问题处理机制。

3. 交货期事中管理的挑战和策略

（1）挑战：可能存在的供应商信息不透明或更新不及时的问题。市场波动、运输中断等因素增加了交货的不确定性。需要有效地协调内部部门和供应商之间的沟通。

（2）策略：建立高效的通信渠道，确保与供应商之间有高效、透明的通信渠道。利用先进的技术和软件工具提高交货监控的准确性和效率。提高组织对交货变化的适应性和应变能力。

4. 交货期事中管理的实施步骤

（1）制订监控计划：确定用于监控的关键绩效指标（KPI）。制定详细的交货监控流程和责任分配。

（2）执行监控和协调：对供应商交货进行日常跟踪和监控。根据监控结果进行必要的协调和调整。

（3）分析和改进：对收集的数据进行分析，识别问题和改进点。基于分析结果不断优化交货期管理流程。

交货期的事中管理是供应链管理中不可或缺的一部分，它对保障供应链的高效运作、控制成本、提升客户满意度和加强市场竞争力至关重要。通过有效的监控、协调、问题处理和性能评估，企业可以确保供应商的交货能够满足生产需求，并及时应对各种突发情况。面对交货期管理的挑战，企业需要采取灵活的策略，利用先进的技术工具，并建立高效的沟通机制，以提高整个供应链的响应能力和效率。通过这些努力，企业能够在竞争激烈的市场中保持领先地位。

四、交货期的事后考核

交货期的事后考核是指在供应商交货完成后，对其交货性能进行评估和分析的过程。这一考核主要关注交货的准时性、质量、数量、合规性等方面，目的在于评价供应商的绩效，识别问题，并制定改进措施。事后考核是供应链管理的重要组成部分，对提升供应链效率、优化成本、提升客户满意度和改进供应商关系具有重要作用。以下是对交货期的事后考核的详细介绍。

1. 交货期事后考核的重要性

（1）评估供应商绩效。①准时交货率：衡量供应商是否能够在约定的时间内完成交货。②质量合格率：评估交货产品的质量是否符合标准。

（2）优化采购决策。①供应商选择：基于考核结果选择或调整优秀供应商。②协商改进：与供应商协商改进交货性能。

（3）提升供应链效率。①减少库存成本：通过改进交货期的准确性，减少库存和相关成本。②避免生产中断：确保生产活动的连续性和效率。

（4）加强客户信任。①及时响应客户需求：提升企业对市场变化的快速响应能力。②保持市场竞争力：增强企业的市场声誉和客户满意度。

2. 交货期事后考核的内容

（1）交货准时性。①交货时间记录：记录实际交货时间与计划交货时间的差异。②准时交货率计算：计算按时交货的订单比例。

（2）交货质量。①质量检查：检验交货产品的质量是否达到预定标准。②不合格品处理：记录并处理不合格或退货产品。

（3）交货数量。①数量核对：核实交货数量是否与订单一致。②缺货或超额交货：记录缺货或超额交货的情况。

（4）合规性和安全性。①合规性审查：确认交货是否符合所有相关的法律法规。②安全标准：检查产品是否符合安全和健康标准。

3. 交货期事后考核的挑战和策略

（1）挑战。①数据收集难度：准确收集和记录所有交货相关数据的挑战。②客观性和一致性：确保考核的客观性和一致性。③供应商合作：促使供应商参与并重视考核过程。

（2）策略。①建立标准化流程：制定标准化的交货期考核流程和指标。②利用技术工具：采用 ERP 系统、供应链管理软件等工具提高数据收集和分析的准确性。③供应商沟通与反馈：与供应商进行有效沟通，提供反馈和改进建议。

4. 交货期事后考核的实施步骤

（1）数据收集和记录。①详细记录：记录每个订单的交货时间、质量和数量。②问题记录：特别标记交货过程中出现的任何问题。

（2）性能评估。①指标计算：根据收集的数据计算关键绩效指标（KPI）。②绩效评估：评估供应商的整体交货性能。

（3）反馈和沟通。①反馈报告：将考核结果整理成报告，与供应商分享。②改进讨论：讨论可能的改进措施和未来合作计划。

（4）持续改进。①改进计划制订：基于考核结果，制订改进计划。②跟踪进度：监控改进措施的实施效果。

交货期的事后考核是评价供应商绩效的重要工具，有助于企业优化供应链管理，提高运营效率，并加强与供应商长期稳定的合作关系。通过准确的数据收集、客观的性能评估、有效的沟通反馈和持续的改进措施，企业可以提升供应链的整体性能，增强在市场中的竞争力。正确实施交货期事后考核，不仅对于企业自身，对于供应商和最终客户而言也都是一种价值的提升。

第三节　交货期延误的对策

交货期延误是供应链管理中常见的问题，它可能会导致成本增加、客户满意度下降，甚至损害企业的声誉。因此，采取有效的对策来应对交货期延误至关重要。

一、分析供应商交货期延误的原因

供应商交货期延误是供应链管理中常见的问题，它会对企业的生产计划、成本控制、客户满意度和整体运营效率产生不利影响。理解交货期延误的原因对于采取预防措施和改进策略至关重要。

1. 供应商内部原因

（1）生产能力限制。①设备故障：生产设备出现故障或需要维护，导致生产暂停或减速。②生产效率不足：供应商的生产流程可能存在着效率低下的问题，无法及时完成生产任务。③人力资源不足：缺乏足够的工作人员或技术专家来满足生产需求。

（2）质量控制问题。①质量不达标：产品在质量检测阶段未能达到标准，需要返工或重新生产。②严格的质量标准：高质量标准可能导致生产速度放缓，以确保产品合格。

（3）管理和计划不当。①订单管理失误：订单处理错误或延误，如订单信息录入错误等。②生产计划不合理：供应商未能有效地安排生产计划，导致交货延误。

2. 供应商外部因素

（1）物流和运输问题。①运输延误：由于交通拥堵、恶劣天气或物流公司的效率问题导致运输延迟。②运输损坏：在运输过程中，产品可能遭受损坏，需要重新生产或修复。

（2）供应链问题。①上游供应商延误：供应商的原材料或组件供应商未能及时交货。②供应链中断：如自然灾害、政治动荡等因素导致的供应链中断。

（3）法规和合规性问题。①法律法规变更：新的法规或政策可能导致生产流程需要调整。②合规性检查：产品需要经过额外的合规性检查或认证，延长了交货周期。

3. 企业内部管理不足

（1）需求预测不准确。①需求波动：企业未能准确预测需求，导致供应商难以适应需求变化。②急单频繁：频繁的紧急订单可能超出供应商的处理能力。

（2）沟通不畅。①信息传递不及时：供应需求变更信息未能及时传达给供应商。②沟通机制不顺畅：缺乏高效的沟通机制来协调供应商和企业的需求。

4. 市场和环境因素

（1）市场波动。①原材料价格波动：原材料价格的急剧变化可能影响供应商的生产计划。②市场需求快速变化：快速变化的市场需求可能使供应商难以跟上节奏。

（2）环境因素。①自然灾害：如洪水、地震等自然灾害对生产和运输的影响。②政治和经济不稳定：政治动荡或经济危机可能影响供应商的运营。

5. 应对策略和建议

（1）加强供应商管理。①定期评估：定期评估供应商的性能，及时发现和解决问题。②建立合作伙伴关系：与供应商建立稳定的合作关系，促进信息共享。

（2）优化内部流程。①准确的需求预测：提高需求预测的准确性，减少急单频发。②强化内部沟通：改善内部部门之间的协调和沟通机制。

（3）风险管理。①制订风险应对计划：对可能的风险因素制订应急计划。

②多元化供应源：通过多元化供应源减少对单一供应商的依赖。

（4）采用先进的 IT 系统：利用 ERP 系统或供应链管理软件提高供应链的透明度和效率。

供应商交货期延误是一个复杂的问题，涉及多方面的原因。企业需要通过全面的分析和有效的管理策略，来应对这些挑战。加强供应商关系管理、优化内部流程、制定风险管理策略，并利用现代技术工具，可以显著提高对交货延误的应对能力，从而提升整个供应链的效率和可靠性。通过这些努力，企业可以更好地满足市场需求，提升客户满意度，增强自身的竞争力。

二、消除沟通不良的交货期延误的对策

消除因沟通不良导致的交货期延误，需要采取一系列有针对性的措施来改善供应商与企业之间的沟通效率和准确性。有效的沟通策略可以显著降低误解和信息失误的风险，从而优化整个供应链的性能。

1. 建立明确的沟通标准和流程

（1）规范化沟通。①制定沟通指南：制定清晰的沟通指南，明确沟通的方式、频率和负责人。②流程标准化：创建标准化的信息传递流程，确保信息的准确传达。

（2）使用标准化文档。①订单和合同标准化：使用标准化的订单格式和合同模板，减少信息误解。②技术规范清晰：提供详细的技术规格和要求文档。

2. 加强内部与外部的协调机制

（1）跨部门协调。①内部沟通平台：建立内部沟通平台，如企业资源计划（ERP）系统，以确保信息在各部门间顺畅流通。②定期会议：定期召开跨部门会议，讨论供应链问题和进度。

（2）与供应商的定期沟通。①定期业务会议：与供应商定期举行业务会议，讨论交货进度、问题和改进措施。②及时反馈机制：建立快速反馈机制，及时通报需求变更和问题。

3. 使用技术工具优化沟通

（1）信息共享平台。①供应链管理软件：使用供应链管理软件共享订单信息、生产进度和库存数据。②在线协作工具：利用在线协作工具，如共享日历、即时

通信和项目管理软件，提高沟通效率。

（2）自动化和数字化。①自动化通知系统：采用自动化系统来发送关键信息的更新和提醒。②电子数据交换（EDI）：使用 EDI 系统自动化订单处理和发票处理。

4. 培训和文化建设

（1）沟通技巧培训。①培训员工：对内部员工进行沟通技巧和团队协作的培训。②供应商培训：鼓励或协助供应商提高其沟通和管理能力。

（2）构建合作文化。①强调团队合作：在企业文化中强调团队合作和开放沟通的重要性。②建立信任：与供应商建立基于信任的合作关系。

5. 持续监控和改进

（1）性能监控。①定期审查：定期审查沟通流程的效果，识别问题所在。②KPI 跟踪：跟踪关键绩效指标（KPI），如准时交货率和供应商响应时间。

（2）持续改进。①改进计划：基于监控结果，持续改进沟通流程和策略。②收集反馈：从内部员工和供应商那里收集反馈，用于改进沟通。

消除由于沟通不良导致的交货期延误，需要企业在沟通标准和流程、协调机制、技术支持、培训和文化建设以及持续监控和改进方面下功夫。通过这些综合措施，企业可以有效提高信息的透明度和准确性，减少误解和延误，从而提升整个供应链的效率和响应能力。

第十章　供应商质量管理

第一节　建立供应商质量管理体系

建立供应商质量管理体系是确保企业供应链稳定、高效运作的关键环节。这个体系涉及评估、选择、监控供应商的质量标准和性能，以及持续改进供应商关系。

一、确定质量标准和要求

1. 制定质量政策

（1）设定质量目标：明确质量管理体系的目标，如满足客户需求、符合行业标准等。

（2）制定质量标准：基于产品特性和市场要求制定具体的质量标准和指标。

2. 法规合规性

（1）了解行业法规：熟悉相关行业的法规和标准，确保供应商遵守。

（2）合规性要求：将合规性要求纳入供应商评估和监控流程。

二、供应商评估和选择

供应商评估和选择是企业供应链管理中的关键环节，对保障生产稳定性、提高产品质量、降低采购成本、增强市场竞争力等方面具有重要影响。在全球化经济和市场竞争日益激烈的背景下，如何科学、有效地评估和选择供应商成为企业面临的重大挑战。

1. 明确评估和选择标准

首先，企业需要根据自身业务需求和战略目标，明确供应商评估和选择的标准。这些标准通常包括但不限于供应商的质量控制能力、价格和成本竞争力、交货的可靠性和及时性、服务和技术支持能力、财务稳定性、合作意愿和潜力、环境和社会责任等。明确的评估标准有助于企业系统地审视和比较不同供应商的优势和劣势。

2. 进行市场调研

在评估和选择供应商之前，进行市场调研是必不可少的步骤。市场调研可以帮助企业了解行业内供应商的分布情况、市场地位、核心竞争力等信息，为供应商的初步筛选提供依据。调研方式包括网络搜索、行业报告、展会考察、同行推荐等。

3. 初步筛选供应商

基于市场调研结果和评估标准，企业可以对潜在的供应商进行初步筛选。初步筛选的目的是缩小评估范围，确定值得深入考察和评估的供应商名单。这一阶段，企业可以通过收集供应商的基本信息、历史业绩、客户反馈等资料进行评估。

4. 进行综合评估

初步筛选后，对候选供应商进行综合评估是选择合适供应商的关键步骤。这一阶段，企业需要深入考察供应商的生产能力、质量管理体系、研发能力、供应链管理能力等多个方面。评估方法包括问卷调查、现场审核、第三方评估、样品测试等。同时，评估过程中还需要考虑供应商的业务稳定性、风险管理能力以及与企业的战略契合度。

5. 选择供应商并建立合作关系

综合评估后，企业可以根据评估结果，结合自身的业务需求和战略目标，选择最合适的供应商进行合作。在确定供应商后，企业还需要与供应商协商合作细节，明确双方的权利和义务，签订供应合同。建立长期稳定的合作关系，对于保障供应链的稳定性和提高采购效率具有重要意义。

6. 持续监控和评估

供应商选择并非一劳永逸，企业需要对供应商的性能进行持续的监控和评估。通过定期的绩效评估，企业可以及时了解供应商的服务质量、交货情况、合作态度等，发现问题并提出改进建议。持续的监控和评估有助于企业及时调整采购策略，优化供应链管理，维护和提升合作关系的质量。

7. 建立反馈和改进机制

为了确保供应商持续满足企业的需求，建立有效的反馈和改进机制是至关重要的。企业应定期与供应商沟通，分享反馈信息，讨论存在的问题和改进措施。这种双向沟通不仅有助于供应商改进产品和服务，也能促进企业内部流程的优化。

8. 培养战略合作伙伴关系

随着市场环境的不断变化，企业与供应商之间的合作关系也应逐步向战略合作伙伴关系转变。通过深化合作，共享资源，共同面对市场变化和挑战，双方可以实现互利共赢，提高整个供应链的竞争力。培养战略合作伙伴关系需要企业和供应商之间有更高层次的信任和承诺，以及对共同目标的坚定追求。

9. 利用技术提升评估和选择效率

在数字化时代，利用技术手段提升供应商评估和选择的效率和精确度变得尤为重要。企业可以采用供应链管理软件、ERP 系统、人工智能等技术工具，自动化收集和分析供应商数据，实现更快速、准确的决策。此外，区块链等技术的应用也可以增加供应链的透明度，降低风险。

10. 强化法律和合规意识

在供应商评估和选择过程中，遵守相关法律法规是基本要求。企业需要确保供应商遵循劳动法、环保法等相关法律法规，避免因合作伙伴的非法行为而损害企业声誉或承担法律责任。此外，对于特定行业或市场，还需注意遵守特定的行业标准和国际贸易规则。

综上所述，供应商评估和选择是一个系统而复杂的过程，涉及多个方面的考量。通过科学合理的评估和选择流程，企业不仅可以确保供应链的稳定和高效，还能在竞争激烈的市场环境中保持竞争优势。随着市场和技术的不断演进，企业需要不断优化和更新评估和选择供应商的策略，以适应变化的市场需求和挑战。

三、合同管理

1. 合同条款

在合同中明确质量要求、交货标准和不符合标准的处罚措施。

2. 绩效指标

设定关键绩效指标（KPI），如交货准时率、产品合格率等。

3. 持续评估

定期评审供应商的表现，确保持续符合合同要求。

四、供应商绩效监控

供应商绩效监控是供应链管理中的关键环节，它涉及对供应商提供的商品和服务的质量、交货时间、成本控制、服务水平以及创新能力等方面进行持续的跟踪和评估。这一过程不仅有助于确保供应商满足企业的业务需求和标准，还能促进供应商持续改进，加强企业与供应商之间的合作关系。

1. 建立绩效指标

有效的供应商绩效监控首先需要确定一组明确、量化的绩效指标。这些指标应涵盖质量、交付、成本、服务和创新等多个维度。例如，质量指标可包括产品合格率、退货率等；交付指标可包括准时交货率、订单处理时间等；成本指标则涉及成本节约量、价格竞争力等。通过这些指标，企业可以具体而客观地评价供应商的表现。

2. 实施定期评估

企业需要定期对供应商的绩效进行评估，可以是月度、季度或年度的。定期评估有助于及时发现问题和不足，同时为供应商提供了持续改进的动力。评估过程中，除了分析定量数据，还应考虑采用问卷调查、面对面会议等方式收集企业内部用户和关键利益相关者的反馈。

3. 使用技术工具

随着信息技术的发展，多种供应链管理软件和平台能够帮助企业高效地进行供应商绩效监控。这些工具可以自动收集和分析数据，生成绩效报告，甚至通过使用人工智能和机器学习技术，预测供应商的风险和机会。利用技术工具不仅可以提高监控的效率和精度，还可以帮助企业更好地理解供应商绩效的趋势和模式。

4. 促进沟通与合作

供应商绩效监控不应仅仅是一种单向的评价过程，而应是促进企业与供应商之间沟通与合作的机制。企业应该将绩效评估的结果及时反馈给供应商，并就改进措施进行讨论。对于表现优异的供应商，企业应给予认可和奖励，激励其继续保持高水平的表现。对于表现不佳的供应商，则应共同制订改进计划，必要时为其提供支持和培训。

5. 灵活调整绩效指标

市场环境和企业战略目标的变化可能会影响供应商绩效的重要性。因此，企业需要定期审视和调整绩效监控的指标和标准，确保它们仍然与企业的当前需求和目标保持一致。这种灵活性不仅有助于保持评估的相关性和有效性，还能够促进供应链的整体敏捷性和响应能力。

6. 强化合同管理

供应商绩效监控应与合同管理紧密结合。合同中应明确规定绩效指标、服务水平协议（SLA）以及不达标时的后果。这样，企业就有了法律依据来要求供应商改进表现，甚至在必要时采取法律行动。合同的明确性和严格性有助于确保供应商认真对待绩效标准，进而推动供应链整体的高效运作。

建立有效的供应商质量管理体系对于确保产品质量、提高客户满意度和增强市场竞争力至关重要。这一体系涉及全面的供应商评估、严格的合同管理、持续的绩效监控和沟通改进过程。通过这些措施，企业可以与供应商建立稳定的合作关系，共同致力于质量的提升，从而提高整体质量。

第二节　供应商质量评估

供应商质量评估是企业对现有或潜在供应商的产品和服务质量进行系统化评价的过程。这一评估旨在确定供应商是否能够满足企业的质量要求和标准，以及其质量管理体系的有效性。以下是对供应商质量评估的详细介绍。

一、供应商质量评估的重要性

供应商质量评估是现代供应链管理中的一个核心环节，对于确保产品质量、降低运营风险、提高市场竞争力等方面具有重要的意义。随着全球化经济的发展和市场竞争的加剧，企业越来越依赖于复杂的供应链体系，这使得对供应商的质量管理变得尤为重要。

1. 确保产品质量和安全

供应商质量评估是确保最终产品质量和安全的关键。供应商提供的原材料、零部件或服务直接影响最终产品的性能和质量。通过对供应商进行系统的质量评估，企业可以确保所采购的物资和服务满足所需的质量标准和规范，从而保障最终产品的质量和安全性，减少因质量问题导致的产品召回和消费者投诉。

2. 降低供应链风险

供应链中的任何一个环节出现问题都可能导致整个供应链的中断，给企业造成重大的经济损失和品牌声誉的损害。通过对供应商的质量评估，企业可以及时发现供应商的潜在风险和问题，采取预防措施，从而降低因供应商质量问题导致的供应链风险。

3. 提高供应链的透明度和效率

供应商质量评估有助于提高供应链的透明度，使企业能够更加清晰地了解供应链中各环节的运作情况，从而有效地监控和管理供应链。此外，通过对供应商进行评估和选择高质量的供应商，企业可以减少质量问题发生的频率，提高供应链的整体效率和响应速度。

4. 促进供应商持续改进

供应商质量评估不仅有助于企业识别和选择高质量的供应商，还可以促进供应商持续改进其产品和服务的质量。通过定期的质量评估和反馈，供应商可以了解自身在质量管理方面存在的不足，从而采取措施进行改进，提高质量管理水平。

5. 增强客户满意度和企业竞争力

高质量的供应商能够稳定提供高质量的原材料和服务，有助于提高最终产品的质量，从而增强客户的满意度和忠诚度。此外，通过优化供应商质量管理，企业可以降低成本、提高效率，增强市场竞争力，实现可持续发展。

综上所述，供应商质量评估在现代供应链管理中发挥着至关重要的作用。它不仅关系产品的质量和安全，还影响企业的运营效率、成本控制、风险管理以及长期的竞争力。因此，企业需要建立和完善供应商质量评估体系，通过持续的评估和改进，与供应商共同成长，以确保供应链的稳定性和可持续发展。

二、供应商质量评估的内容

供应商质量评估是一个综合性的过程，它不仅关注供应商当前的质量控制能力，也涉及其长期的质量改进潜力、供应链管理能力、生产和服务的稳定性等多个方面。以下是供应商质量评估的主要内容，这些内容共同构成了一个全面评估供应商综合能力的框架。

1. 供应商资质与合规性评估

首先，需要对供应商的基本资质进行审查，包括营业执照、行业资质认证、产品质量认证标准（如 ISO 9001、ISO 14001 等）的持有情况。此外，还需要评估供应商的合规性，确保其在环保、劳工法律、安全生产等方面符合相关的法律法规和国际标准。

2. 质量管理体系评估

评估供应商是否建立了完善的质量管理体系，包括质量控制流程、产品质量检测设施、质量改进机制等。通过审查供应商的质量手册、操作程序、质量记录等文件，以及实地审核其生产现场，了解其质量管理体系的有效性。

3. 生产能力与技术水平评估

评估供应商的生产能力，包括生产规模、生产设备的先进性、生产流程的合理性等，确保供应商能够满足企业的生产需求。同时，还需要评估供应商的技术研发能力，包括其在产品研发、工艺改进、新技术应用等方面的能力。

4. 供应链与物流管理能力评估

考察供应商的供应链管理能力，包括原材料采购、库存管理、订单处理、物流配送等环节的管理能力。评估其是否能够保证稳定、高效的物料供应，以及在面对市场变化时的应对能力。

5. 成本控制能力评估

了解供应商的成本控制机制，评估其在原材料采购、生产过程、物流配送等环节的成本控制能力。合理的成本控制不仅可以保证供应商自身的盈利能力，也是其提供竞争价格的基础。

6. 服务与支持能力评估

评估供应商的服务能力，包括售后服务、技术支持、应急响应等。供应商的服务态度和响应速度对于维护长期稳定的合作关系至关重要。

7. 持续改进与创新能力评估

考察供应商的持续改进机制和创新能力，包括其对产品质量不断优化、对生产工艺的持续改进、对新技术的研发投入等。一个具有持续改进和创新能力的供应商能够为企业带来长期的竞争优势。

8. 社会责任与可持续发展评估

供应商的社会责任表现，包括其在环境保护、员工权益保障、社会公益活动等方面的表现。评估供应商的可持续发展能力，确保其商业活动对环境和社会的负面影响最小化。

三、供应商质量评估的方法

供应商质量评估是确保供应链稳定性和产品质量的关键环节，它涵盖了从初步筛选到深入审核的一系列复杂过程。有效的评估方法不仅有助于识别和选择合适的供应商，还能促进供应商持续改进。以下是供应商质量评估的主要方法。

1. 文档审核

文档审核是评估供应商质量体系的基础，通过审查供应商提供的质量管理体系证书（如 ISO 9001 等）、产品认证、生产许可、企业资质等文档，初步判断其是否具备基本的质量管理能力和行业认可的标准。此外，还包括供应商的质量手册、操作指南、过程控制记录等，以评估其体系是否符合要求，是否有持续改进的机制。

2. 现场审核

现场审核是评估供应商实际运作能力的直接方式，包括生产设施、仓储物流、工作环境、生产流程等方面的评审。通过实地考察，评估团队可以直观地了解供应商的生产能力、工艺技术、质量控制过程、环境安全管理等，从而全面评估其符合性和能力水平。现场审核通常由跨部门的专业团队执行，以确保评估的全面性和准确性。

3. 第三方评估

第三方评估是指由独立的专业机构进行的供应商评估，这种方法的优势在于其公正性和权威性。第三方评估机构通常具有丰富的行业经验和专业技能，能够提供标准化、客观化的评估服务。通过第三方评估，企业可以获得更加全面和深入的供应商质量分析报告，有助于降低自身的评估成本和风险。

4. 性能评估

性能评估主要关注供应商过去的表现和交付的产品质量，通过分析历史数据，如交货时间、质量返工率、服务响应时间等指标，评价供应商的实际性能表现。性能评估可以基于企业内部的质量数据，也可以通过调查现有客户或市场反馈获取信息。这种方法有助于识别供应商的长期稳定性和可靠性。

5. 能力成熟度模型评估

能力成熟度模型（CMM）是评估供应商管理和开发过程成熟度的方法。通过评估供应商在过程改进、项目管理、质量保证等方面的成熟度水平，企业可以了解供应商的综合能力和长期合作的潜力。CMM评估通常包括自评、互评以及专家评审等步骤，旨在促进供应商持续改进和卓越管理。

6. 风险评估

风险评估关注的是供应商可能带来的风险，包括质量风险、供应风险、法律合规风险等。通过对供应商的财务状况、市场地位、技术能力、管理体系等方面进行评估，识别出潜在的风险因素。风险评估有助于企业在选择供应商时做出更加谨慎的决策，采取相应的风险控制和缓解措施。

7. 供应商自评

供应商自评是一个让供应商根据一系列标准自我评价的过程。这种方法可以让供应商自我反思其在质量管理、生产能力、技术创新等方面的表现，也是供应商展示其优势和改进意愿的机会。供应商自评的结果可以为企业提供一个从供应商视角出发的质量和能力评估，有助于双方建立更加开放和信任的合作关系。

8. 综合评分系统

综合评分系统是通过设定一套评分标准，对供应商的不同方面进行量化评分，如质量控制、交货时间、服务响应、技术能力等。通过这种方法，企业可以将复杂的评估结果量化，便于比较和决策。综合评分系统通常需要根据企业自身的需求和行业特点进行制定，以确保评分的公正性和有效性。

9.持续监控和反馈

供应商质量评估不应该是一次性的活动，而是一个持续的过程。通过对供应商的持续监控和定期的绩效评估，企业可以及时发现问题和改进机会。同时，向供应商提供定期的反馈，不仅可以帮助供应商了解自身的表现，也是鼓励其持续改进和提高的重要手段。

10.多维度比较分析

在进行供应商质量评估时，采用多维度比较分析是非常有用的。这意味着不仅要比较供应商在单一方面（如质量或成本等）的表现，还要综合考虑其在技术创新、服务支持、交货可靠性等多个方面的综合能力。通过这种全面的比较分析，企业可以选择最适合自己需求的供应商，实现长期稳定的合作关系。

有效的供应商质量评估方法是确保供应链稳定和产品质量的关键。通过采用多种评估方法，结合企业自身的具体需求和行业特点，企业可以全面评估供应商的能力和风险，选择最合适的合作伙伴。同时，持续的监控和反馈机制也是促进供应商持续改进，建立稳定供应链的重要环节。在全球化的市场环境中，企业应不断优化供应商评估流程，以应对不断变化的市场需求和挑战。

四、供应商质量评估的挑战与对策

供应商质量评估是企业保障产品质量、确保供应链稳定的重要环节，然而在实际操作中常常面临着各种挑战，需要企业采取有效的对策来应对。

首先，供应商数量庞大、类型繁多是供应商质量评估面临的首要挑战之一。随着供应链全球化和业务拓展，企业的供应商可能来自不同国家、地区，涉及各种不同类型的企业，如生产商、代工厂、分销商等。这些供应商的规模、产能、管理水平各不相同，给企业的质量评估带来了巨大的挑战。对于这一挑战，企业可以采取建立供应商分类管理制度的对策，根据供应商的性质和重要程度进行分类管理，重点关注关键供应商的质量状况，同时对其他供应商进行适当的监控和管理。

其次，供应商质量数据的获取和分析是供应商质量评估面临的另一个挑战。企业需要从供应商处获取大量的质量数据，如产品检测报告、质量认证证书、客户投诉记录等，然后对其进行分析和评估。然而，供应商可能存在信息不对称的问题，供应商提供的数据可能不够真实和准确，这为企业的评估工作带来了困难。为了解决这一挑战，企业可以建立完善的供应商质量数据采集和管理系统，通过与供应商建立长期稳定的合作关系，提高信息共享的积极性，确保获取到的数据真实可靠。

再次，供应商质量评估中存在主观性和标准不一致性也是一个挑战。不同的人可能对同一家供应商的质量状况有不同的评价，不同的企业可能对质量评估的标准和要求也有所不同，这容易导致评估结果的主观性和不一致性。为了解决这一问题，企业可以制定统一的评估标准和流程，明确评估指标和权重，确保评估结果客观公正；同时加强内部人员的培训和沟通，提高评估人员的专业水平和一致性。

复次，供应商自身的管理水平和技术能力也是供应商质量评估的重要考量因素，但是企业往往难以全面了解供应商的内部管理情况和技术水平。为了解决这一挑战，企业可以采取定期走访供应商、组织供应商培训和交流、建立供应商信息共享平台等措施，加强与供应商之间的沟通和合作，了解其管理水平和技术能力，从而更全面地评估供应商的质量状况。

最后，供应商质量评估的周期性和及时性也是一个挑战。由于供应商的质量状况可能随着时间和环境的变化而发生变化，因此评估工作需要具有一定的周期性和及时性，及时发现和解决问题，防止质量风险的扩大。为了解决这一挑战，企业可以建立定期的供应商评估机制，制定评估周期和频次，确保评估工作的及时性和连续性；同时建立紧急事件应对机制，对突发的质量问题进行及时处置，减少损失。

综上所述，供应商质量评估面临诸多挑战，但通过建立分类管理制度、完善数据采集和分析系统、制定统一的评估标准和流程、加强与供应商之间的沟通和合作，以及确保评估工作的周期性和及时性等对策，企业可以有效应对这些挑战，提高供应商的质量水平，保障产品质量和供应链稳定，实现企业的可持续发展。

五、质量评估结果的应用

1. 供应商管理

（1）优选供应商：基于质量评估结果，选择最优质的供应商。

（2）风险管理：识别高风险供应商，并制定相应的风险管理策略。

2. 决策支持

（1）采购决策：利用评估结果指导采购决策，如合同谈判和订单分配。

（2）战略规划：评估结果为企业的长期供应链战略规划提供支持。

建立和维护一个有效的供应商质量评估体系对于确保产品质量、提升供应链效率、增强客户满意度和维护企业竞争力至关重要。这一过程要求企业不仅要关注供应商当前的质量表现，还要注重与供应商的长期合作和共同发展，持续提升供应商的质量管理水平。通过实施全面的质量评估和监控、持续改进、强化合作以及利用先进的技术和工具，企业可以建立起一个强大且高效的供应商网络，为实现长期的业务成功奠定坚实的基础。

第三节　供应商质量调研

供应商质量调研是企业对现有或潜在供应商的产品和服务质量进行全面评价的过程，其包括对供应商的生产能力、质量控制流程、历史表现、技术能力等方面的深入分析。目的在于评估和保证供应商能够满足企业的质量标准和需求，从而确保供应链的稳定性和产品的质量。

一、供应商质量调研的重要性

供应商质量调研是企业供应链管理的一个重要组成部分，它通过对供应商的产品质量、生产能力、管理体系等多方面进行综合评估和监督，以确保供应商能够持续提供符合质量标准的产品和服务。在全球化经济和市场竞争日益激烈的背景下，供应商质量调研对于企业实现长期成功和可持续发展具有至关重要的意义。

1. 确保产品质量和顾客满意度

产品质量直接影响顾客的满意度和企业的品牌形象。通过对供应商进行质量调研，企业可以确保所采购的原材料或半成品满足生产需要和质量标准，从而保证最终产品的质量和可靠性，增强顾客对企业产品的信任和满意度。

2. 降低生产成本和风险

供应商提供的低质量原材料或组件可能导致生产效率低下、产品缺陷率增高，从而增加生产成本和产品召回风险。通过有效的供应商质量调研，企业可以识别和排除低质量供应商，减少生产过程中的废品和返工，降低生产成本和产品召回风险。

3.促进供应链协同和效率

供应商质量调研不仅关注供应商当前的质量表现，也涉及供应商的生产能力、交货周期和持续改进能力等。通过深入了解供应商的综合能力，企业可以选择最适合的供应商，建立稳定的供应关系，促进供应链各环节的紧密协同和高效运作。

4.加强合规性和社会责任

随着消费者和监管机构对企业社会责任的要求日益增加，企业需要确保其供应链的所有环节都符合相关的法律法规和社会伦理标准。通过对供应商进行质量调研，企业可以识别和避免存在劳动力剥削、环境污染等问题的供应商，从而加强合规性和履行社会责任。

5.增强竞争优势和市场地位

在质量成为竞争的关键因素的今天，通过供应商质量调研确保产品和服务的高质量，不仅可以直接提高顾客满意度和忠诚度，还可以增强企业在市场上的竞争优势和品牌影响力。此外，良好的供应商关系和稳定的供应链也能够使得企业更快速地响应市场变化，把握市场机会。

6.促进供应商的持续改进和创新

供应商质量调研不仅是一种监督和控制手段，也是推动供应商持续改进和创新的重要途径。通过定期的质量评估和反馈，企业可以帮助供应商识别改进的机会，鼓励供应商采用先进的生产技术和管理方法，从而提升供应链整体的创新能力和竞争力。

二、供应商质量调研的内容

1.供应商基本信息收集

（1）企业背景：包括公司历史、规模、市场地位和管理团队。

（2）财务状况：评估供应商的财务稳定性和长期生存能力。

2.生产能力和技术水平

（1）生产设施：考察供应商的生产线、设备和技术能力。

（2）研发能力：评估供应商的创新能力和技术研发实力。

3. 质量控制和管理

（1）质量管理体系：检查供应商是否具有有效的质量管理体系，如 ISO 9001 认证等。

（2）历史质量记录：分析供应商过去的质量表现，包括退货率、客户投诉等。

4. 合规性和认证

（1）行业标准和法律法规遵守：确保供应商遵守相关的行业标准和法律法规。

（2）环境和社会责任：评估供应商的环境保护和社会责任实践。

三、供应商质量调研的方法

供应商质量调研是确保供应链稳定性和产品质量的关键环节，采用有效的调研方法可以帮助企业识别和选择能满足其质量要求的供应商，同时促进供应商的持续改进。以下是对供应商质量调研方法的详细叙述。

1. 供应商自评

供应商自评是一种基础且有效的质量调研方法。通过要求供应商自行完成的问卷调查或评估表，企业可以初步了解供应商的质量管理体系、生产能力、技术水平、环境和社会责任政策等。这种方法简便易行，可以作为初步筛选供应商的手段。

2. 现场审核

现场审核是评估供应商质量体系最直接和有效的方法之一。通过派遣专业的质量审核团队到供应商的生产基地进行现场考察，可以全面了解供应商的生产流程、质量控制措施、员工培训情况、设备维护状况等，从而对供应商的实际生产能力和质量管理水平有直观的认识。

3. 第三方认证

参考供应商是否获得了国际或行业认可的质量管理体系认证，如 ISO 9001、ISO 14001、OHSAS 18001 等，是评估供应商质量管理能力的一个重要依据。这些认证表明供应商已经建立了符合国际标准的质量管理体系，能够持续提供满足客户要求的产品和服务。

4.质量绩效数据分析

通过分析供应商的质量绩效数据，如产品合格率、交货准时率、客户投诉率等，可以客观评估供应商的质量稳定性和服务水平。这些数据通常可以通过企业内部的供应链管理系统获得，或要求供应商定期提供相关报告。

5.供应商发展和改进活动

评估供应商是否具有持续的质量改进和产品创新能力也是供应商质量调研的重要内容。通过了解供应商投入新技术研发、质量改进项目的资源数量和质量，以及这些活动带来的成效，可以评估供应商的长期合作潜力。

四、供应商质量调研的挑战与对策

供应商质量调研是现代企业管理中至关重要的环节之一，它直接关系产品质量、供应链的稳定性以及企业的声誉。然而，随着全球化和复杂化的发展，供应商质量调研也面临诸多挑战，需要企业采取相应的对策来有效解决。

首先，供应链的复杂性是供应商质量调研面临的主要挑战之一。随着供应链的全球化，供应商的数量和地域分布都在不断增加，这导致了供应链的复杂性不断提高。在这种情况下，企业很难全面了解每个供应商的情况，更难保证其产品质量的稳定性。针对这一挑战，企业可以采取的对策包括建立完善的供应商数据库、利用信息技术手段实现供应链的可视化管理，以及加强与供应商之间的沟通和合作，建立长期稳定的合作关系。

其次，供应商的不诚信和不稳定也是供应商质量调研面临的重要挑战。一些供应商可能存在虚假宣传、偷工减料等行为，严重影响产品质量和供应链的稳定性。同时，一些供应商可能由于各种原因出现经营不稳定，导致供应中断或供应延迟，给企业生产经营带来严重影响。为了解决这些问题，企业可以采取一系列措施，如建立供应商信用评价体系，对供应商的信用状况进行评估和监控；签订合同并明确约定双方的权利和义务，以及建立备选供应商的库存，以应对突发情况。

再次，质量标准的差异也是供应商质量调研的挑战之一。不同国家、地区甚至不同行业对产品质量的要求可能存在差异，导致供应商之间的质量标准不一致。

为企业的质量管理带来了一定困难，也增加了质量控制的成本。为了解决这一问题，企业可以通过建立统一的质量标准体系来规范供应商的质量管理行为，制定明确的检验标准和流程，并对供应商进行培训和指导，提高其质量管理水平。

最后，信息不对称也是供应商质量调研面临的挑战之一。供应商往往了解自己的产品和生产过程，而企业往往只能通过有限的信息来评估供应商的质量状况，这容易导致信息不对称，影响调研的准确性和有效性。为了解决这一问题，企业可以加强与供应商之间的沟通和交流，建立信任和合作的关系，充分了解供应商的生产能力、质量管理体系等信息，并通过建立供应商评估机制，定期对供应商进行评估和监控，及时发现和解决问题。

综上所述，供应商质量调研面临诸多挑战，但通过建立完善的管理体系、加强与供应商之间的沟通和合作、建立统一的质量标准体系以及加强信息共享等对策，企业可以有效应对这些挑战，确保供应商的质量稳定性，提高产品质量，保障企业的经营稳定和可持续发展。

第四节　供应商来料品质控制和验收

供应商来料品质控制是确保供应链质量管理的重要组成部分，涉及对供应商提供的原材料或组件的质量进行全面的检查和管理。良好的来料品质控制能够显著提高最终产品的质量，减少生产中断和成本。

一、供应商来料品质控制

供应商来料品质控制是企业在供应链管理中至关重要的一环，直接影响企业产品的质量、生产效率以及客户满意度。有效的供应商来料品质控制可以帮助企业降低不良品率、减少生产成本，提高产品质量和竞争力。以下是对供应商来料品质控制的详细叙述。

1. 来料检验流程建立

为确保供应商提供的原材料符合企业的质量标准，企业需要建立完善的来料检验流程。这包括确定检验标准和方法、制订检验计划、确定检验样品数量和抽样方法、建立检验记录和报告等。通过建立规范的检验流程，可以确保来料品质的稳定和可控。

2. 合作供应商选择与培训

企业应该与符合要求的合作供应商建立长期稳定的合作关系，并确保其具备良好的品质管理体系和生产能力。同时，企业可以通过培训和指导，提高供应商的质量意识和管理水平，促进其改进产品质量和生产工艺。

3. 来料质量数据分析与反馈

企业应建立来料质量数据的统计和分析体系，对来料质量数据进行定期汇总和分析，发现和识别来料质量的变化和趋势。通过及时反馈问题和提出改进建议，促使供应商改进生产工艺和质量管理体系，确保来料品质的稳定和提升。

4. 不良品处理与问题解决

如果发现来料存在质量问题或不良品，企业应该建立相应的不良品处理和问题解决机制。这包括对不良品的分类、记录和处理，及时与供应商沟通并提出整改要求，同时采取措施防止不良品进入生产流程，确保产品质量和客户满意度。

5. 来料供应商绩效评估

企业应建立来料供应商绩效评估体系，对供应商的来料质量、交货准时性、售后服务等方面进行定期评估和监控。通过评估供应商的绩效表现，发现并纠正潜在的问题，促使供应商不断提升产品质量和服务水平，确保供应链的稳定性和可靠性。

6. 持续改进与优化

来料品质控制是一个持续改进的过程，企业应不断优化和改进来料品质控制的方法和手段。通过引入先进的质量管理技术和工具，加强与供应商的沟通与合作，不断提升来料品质控制的水平和效率，确保产品质量的稳定和持续改进。

7. 风险预防与管理

企业应建立风险预防与管理机制，识别和评估来料质量存在的各种风险，并采取相应的措施加以应对。这包括加强对关键原材料供应商的监控和管理、建立备用供应商和备货计划、加强对供应商的培训和指导等措施，降低来料质量风险对企业生产的影响。

综上所述，供应商来料品质控制涉及建立检验流程、样品抽样与检验、合作供应商选择与培训、质量数据分析与反馈、不良品处理与问题解决、来料供应商绩效评估、持续改进与优化、风险预防与管理等多个方面。通过有效的来料品质控制，企业可以确保原材料的质量稳定和符合性，提高产品质量和客户满意度，从而增强企业的竞争力和市场地位。因此，企业应高度重视供应商来料品质控制工作，建立完善的管理体系和控制机制，不断优化管理方法和流程，加强与供应商之间的沟通与合作，持续改进来料品质控制的水平和效率，为企业的可持续发展提供有力支持。

二、供应商来料检验和验收

来料检验和验收是企业在供应链管理中的重要环节，直接关系产品质量和客户满意度。有效的来料检验和验收流程可以帮助企业及时发现和排除不合格原材料，确保生产过程的顺利进行和产品质量的稳定。

1. 来料检验流程建立

企业应建立完善的来料检验流程，明确检验的内容、标准和方法。这包括确定检验项目和检验标准、制订检验计划、确定检验样品的抽取方法和数量、建立检验记录和报告等。通过建立规范的检验流程，确保来料检验工作的科学性和准确性。

2. 检验项目和标准确定

对于不同类型的原材料，企业需要确定相应的检验项目和标准。这些检验项目和标准通常包括外观质量、尺寸规格、化学成分、物理性能、包装完整性等方面。根据产品的特点和质量要求，确定合适的检验项目和标准，确保来料检验的全面性和有效性。

3. 来料样品抽样与检验

企业应根据来料的特性和重要性，确定合适的样品抽样方法和抽样数量。对于关键原材料和关键供应商，可以采用全检的方式进行检验；对于一般原材料和常规供应商，可以采用抽样检验的方式进行检验。通过对样品的检验和测试，评估来料的质量和符合度，确保其符合企业的质量要求。

4. 检验设备与技术支持

企业需要配备适当的检验设备和技术支持，以确保来料检验的准确性和可靠性。这些检验设备和技术通常包括化学分析仪器、物理性能测试设备、外观检验设备等。通过检验设备和技术支持，提高来料检验的效率和准确性，确保检验结果的可信度和可靠性。

5. 来料质量记录与追溯

企业应建立来料质量记录和追溯体系，对检验结果进行记录和存档。记录包括来料检验的检验结果、检验人员、检验时间等信息，并建立与供应商的来料质量追溯机制，以便在出现质量问题时能够及时查找原因和追溯责任。

总之，有效的供应商来料品质控制是确保产品质量和供应链稳定性的关键。它要求企业不仅要在选择合适的供应商方面下功夫，而且需要在来料检验、数据分析、供应商沟通和持续改进等方面持续投入努力。通过建立严格的质量控制标准和有效的沟通协作机制，企业可以显著提高其产品和服务的质量，同时减少生产延误和成本。

第五节　品质异常与损害赔偿

品质异常与损害赔偿涉及的是在商业活动中，由于产品或服务不符合预定质量标准所引发的问题及其相应的法律和财务后果。

一、品质异常

品质异常是指在产品生产、加工或供应链管理过程中出现的与预期质量标准不符的情况或问题。它可能涉及产品的外观、尺寸、性能、功能、成分等方面，影响产品的正常使用、安全性或可靠性。品质异常通常是不可预见的，但它们可能对企业造成严重的影响，包括损害企业的声誉、增加成本、影响客户满意度以及导致法律责任等。因此，对品质异常的及时发现、分析和处理至关重要。

1. 品质异常的常见情况

（1）生产过程中的缺陷：这种类型的品质异常是由于生产过程中的错误、故障或不良操作导致的。例如，机器设备的故障、操作人员的疏忽、原材料的质量问题等都可能导致产品的缺陷或不良。

（2）供应链问题：供应链中的任何环节出现问题都可能导致产品品质异

常。例如，供应商提供的原材料不符合规格、运输过程中出现损坏或污染、仓储环境不佳等都可能导致产品的质量问题。

（3）设计缺陷：产品设计中的错误或缺陷也可能导致产品品质异常。例如，产品设计不合理、材料选择不当、工艺流程设计不合理等都可能导致产品的质量问题。

（4）外部环境因素：外部环境因素也可能导致产品品质异常。例如，天气变化、自然灾害、政策法规变化等都可能对产品的质量产生影响。

品质异常的及时发现和处理对于企业至关重要。首先，企业应建立完善的品质异常管理体系，包括明确品质异常的定义、责任人、处理流程和时间节点等。其次，企业应采取有效的措施来预防品质异常的发生，如加强对生产过程和供应链的监控和管理，提高员工的品质意识和培训水平，加强对原材料和成品的检验和测试等。此外，企业还应建立健全的反馈机制，及时收集、分析和处理品质异常信息，不断改进产品质量和生产过程，提高品质异常的处理效率和准确性。

综上所述，品质异常的及时发现、分析和处理对于企业至关重要，可以帮助企业降低风险、提高产品质量和客户满意度，增强企业的竞争力和持续发展能力。因此，企业应建立完善的品质异常管理体系，加强预防措施，建立健全的反馈机制，确保对品质异常的有效管理和控制。

2. 品质异常的影响

品质异常对企业和消费者都可能产生广泛而严重的影响。这些影响不仅涉及产品本身的质量问题，还可能影响企业的声誉、经济利益以及整体市场竞争力。以下是品质异常可能产生的影响。

（1）产品质量问题：最直接的影响是产品本身的质量问题。品质异常可能导致产品出现外观不良、尺寸不准确、性能不稳定、功能失效等质量问题，降低产品的可靠性、耐久性和使用价值，影响产品的市场竞争力和消费者的购买决策。

（2）客户投诉和退货：品质异常会导致客户投诉和退货率上升。消费者购买到质量不合格的产品后，可能会提出投诉要求（退货或换货），导致企业额外的成本支出和资源浪费，也会影响客户对企业品牌的信任和忠诚度。

（3）声誉损失：品质异常可能损害企业的声誉和品牌形象。消费者对于质量问题的抱怨和负面评价会影响其他潜在客户的购买意愿和信任度，降低企业在市场上的声誉和知名度，进而影响企业的销售业绩和市场份额。

（4）经济损失：品质异常会导致企业经济损失的增加。处理品质异常需要消耗大量的时间、人力和财力资源，包括召回产品、重新生产、处理退货、赔偿客户等各种成本。此外，由于品质异常可能导致销售额下降和市场份额减少，还会进一步影响企业的盈利能力和财务状况。

（5）法律责任：如果品质异常导致产品安全问题或消费者健康受损，企业可能面临法律责任和诉讼风险。根据相关法律法规，企业必须对产品的质量和安全负责，对于因产品质量问题造成的人身伤害或财产损失，可能需要承担赔偿责任，并可能受到监管部门的罚款或处罚。

（6）市场份额下降：品质异常可能导致企业在市场上的竞争力下降。消费者对于质量问题的抵触情绪会影响他们对产品的购买意愿和忠诚度，从而导致企业的市场份额下降，失去原本的市场竞争优势。

（7）供应链不稳定：如果品质异常涉及供应链中的某个环节，可能会导致供应链的不稳定性。供应商的质量问题或交货延误会影响生产计划和产品供应，给企业的生产经营带来不确定性和风险。

综上所述，品质异常对企业和消费者都可能产生严重的影响，包括产品质量问题、客户投诉和退货、声誉损失、经济损失、法律责任、市场份额下降和供应链不稳定等方面。因此，企业应该高度重视品质异常的预防和处理工作，加强质量管理和控制，确保产品的质量和安全，提升企业的竞争力和可持续发展能力。

二、损害赔偿

损害赔偿是指在法律范围内，因某种行为或事件导致他人权益受到损害，责任方需要向受损害方进行经济补偿的一种法律责任形式。损害赔偿制度旨在保护个人、企业和社会的合法权益，通过对损失进行经济赔偿来弥补受害者的损失，维护社会公平正义。

1. 法律责任和赔偿义务

在法律框架下，个人或组织的行为可能会导致他人的人身伤害、财产损失或其他权益受到损害。根据相关的法律规定，责任方需要承担相应的法律责任，并向受害者进行损害赔偿。这种赔偿义务包括医疗费用、精神损失、收入损失、财产损失、抚养费用等各种直接损失和间接损失。

2. 赔偿责任的主体

赔偿责任的主体可以是个人、企业、政府机构或其他组织。具体责任主体取决于造成损害的行为和事件的性质和情况。例如，个人因交通事故导致他人受伤、企业因产品质量问题导致消费者权益受损、政府机构因行政管理不当导致公民权益受损等，都需要承担相应的赔偿责任。

3. 赔偿责任的认定

赔偿责任的认定需要根据相关的法律规定和事实情况进行判断。一般来说，赔偿责任的认定需要具备以下几个要素：首先，责任方的行为或不当行为；其次，损害受害者的合法权益受到了实际损害；最后，责任方与损害之间存在因果关系。只有当这些要素同时具备时，赔偿责任才能被认定。

4. 赔偿标准和金额

赔偿标准和金额是根据受害者的损失情况和法律规定来确定的。一般来说，赔偿金额应当包括直接损失和间接损失。直接损失包括医疗费用、修复费用、抚养费用、收入损失等，而间接损失包括精神损失、生活质量下降、声誉受损等。赔偿金额的确定需要根据具体情况进行综合考量，既要充分保护受害者的权益，又要考虑责任方的经济承受能力和行为的过错程度。

5. 赔偿程序和诉讼途径

当受害者要求赔偿时，一般可以通过协商和调解、仲裁或诉讼等方式来解决。在协商和调解阶段，双方可以通过友好协商解决赔偿问题；在仲裁阶段，可以由专业的仲裁机构进行调解和裁决；在诉讼阶段，可以通过法院诉讼解决赔偿问题。选择合适的赔偿程序和诉讼途径取决于双方的意愿和法律规定。

6. 防范措施和风险管理

为了避免赔偿责任和减少损失，个人、企业和组织应该加强风险管理和防范措施。这包括建立健全的安全管理制度和质量管理体系，加强员工培训和意识教育，完善产品质量检验和监控机制，加强对法律法规的了解和遵守等。通过这些措施，可以有效预防和减少因行为或事件导致的损害赔偿责任。

综上所述，损害赔偿是一种法律责任形式，是对个人、企业和组织因行为或事件导致他人权益受损的经济补偿。损害赔偿制度旨在保护社会公众的合法权益，维护社会公平正义，促进社会和谐稳定。因此，个人、企业和组织应该严格遵守相关法律法规，加强风险管理和防范措施，尽可能避免或减少因行为或事件导致的损害赔偿责任。

品质异常与损害赔偿是企业在产品质量管理中必须面对的重要问题。有效的处理不仅包括及时解决现有问题，还包括采取措施预防未来的品质问题、管理与客户的关系，以及确保合法合规。通过建立健全的质量控制体系、风险管理机制和客户沟通策略，企业可以最大限度地减少品质问题带来的负面影响，保护企业声誉，维护客户关系，从而支持企业的长期成功和可持续发展。

第十一章　供应链关系管理

第一节　供应商关系类型

供应商关系类型的划分有助于企业更有效地管理其供应链，确保供应链的稳定性和效率。不同类型的供应商关系反映了与供应商的合作深度、持续时间以及战略重要性。

一、交易性关系

1. 特点

基于单次或短期的交易，重点在于完成特定的购买任务。通常涉及标准化的商品或服务，关系较为正式和契约化。

2. 管理方式

主要通过价格、交货时间和质量等基本因素进行选择和管理。关系中较少涉及深入合作或长期承诺。

二、合作性关系

1. 特点

基于双方的长期合作，更注重相互信任和共同目标。双方在信息共享、资源协调和风险共担方面有更紧密的合作。

2. 管理方式

重视合作的战略价值，双方通常会共同参与产品开发、市场规划等活动。需要更高程度的沟通、协调和信任。

三、战略伙伴关系

1. 特点

战略伙伴关系是一种深层次的长期合作关系，双方共同投资于共享的目标和项目。在技术合作、市场开发和产品创新方面进行密切合作。

2. 管理方式

双方通常会建立更为复杂的合作机制，如联合管理团队、共享研发资源等。需要高度的互信和对双方长期目标的共识。

四、战术性关系

1. 特点

着眼于解决特定的、短期的运营问题或需求。通常是为了应对市场变动或供应链中断等特殊情况。

2. 管理方式

管理重点在于解决具体问题，提高运营的灵活性和应变能力。这种关系通常是临时性的，会随着情况的变化而调整。

五、供应链整合关系

1. 特点

在供应链各个环节进行深度整合，形成紧密联结的供应网络。涉及供应链的各个方面，如物流、库存管理、信息技术等。

2. 管理方式

需要高度的系统整合和过程协调，通常涉及复杂的技术和系统支持。强调整个供应链的优化和效率提升。

六、发展型关系

1. 特点

针对那些有潜力但当前性能不完全符合要求的供应商。目的在于帮助这些供应商提升能力和绩效。

2.管理方式

管理方式包括对供应商的培训、技术支持和业务指导。重视供应商的长期发展和能力提升。

供应商关系的类型反映了企业与供应商之间的合作深度和性质。不同类型的关系需要不同的管理策略和资源投入。通过理解和区分这些关系类型，企业可以更有效地管理其供应链，实现成本效益、风险控制和创新目标。正确地分类和管理供应商关系，有助于企业在竞争日益激烈的市场中保持优势，提高供应链的整体效能。

第二节　供应商关系生命周期发展阶段

供应商关系生命周期是一个描述企业与其供应商之间关系演变过程的模型。这个生命周期通常包括几个不同的发展阶段，每个阶段都有其特定的特征和管理重点。

一、识别和评估阶段

1.供应商发现

这个阶段涉及识别潜在的供应商并收集相关信息，包括市场调研、行业分析以及通过招标、询价等方式寻找供应商。

2.评估和选择

对潜在供应商进行评估，包括财务稳定性、生产能力、质量控制和交货能力。考虑风险评估和合规性审查。

二、启动和试点阶段

1.初步合作

在选择供应商后，开始初步的合作关系。这通常包括小规模的试点项目或试用订单，以测试供应商的性能。

2.关系建立

在这个阶段，企业和供应商开始建立正式的合作关系，包括合同谈判、服务水平协议（SLA）的制定和期望设定。

三、增长和发展阶段

1. 业务扩展

在初步合作取得成功后，企业可能会扩大与供应商的业务规模，包括增加订单量、扩展产品线或服务范围等。

2. 关系深化

这一阶段关系更加稳固，双方可能会探索更深层次的合作，如共同产品开发、技术交流等。建立更加紧密的沟通和协作机制。

四、成熟和维护阶段

1. 稳定合作

这一阶段供应商关系已经非常成熟和稳定。供应商成为企业重要的业务伙伴，双方有着密切的合作。

2. 持续改进

在这个阶段，重点是维护和持续改进关系，包括定期的绩效评估、改进计划以及风险管理。

五、重评和再定位阶段

1. 定期审查

定期审查供应商的绩效和合作关系的有效性。考虑市场变化、企业战略调整和供应链优化的需要。

2. 关系调整

根据业务需要和供应商绩效，调整合作关系，包括增强、减少或重新定位供应商角色。

六、解除或转型阶段

1. 解除合作

在某些情况下，可能需要解除与供应商的合作关系，包括合同到期不续签、绩效不佳或策略变更等原因。

2. 关系转型

在其他情况下，供应商关系可能会转型为新的形式。例如，从传统采购关系转变为合资企业、战略联盟或其他合作模式。

供应商关系生命周期是一个动态的过程，需要企业在不同阶段采取不同的策略和管理方法。通过理解和管理这个生命周期，企业可以更有效地利用供应商资源，优化供应链管理，提高竞争力。每个阶段都需要企业对供应商进行细致的评估和适当的调整，以确保供应链的稳定性和效率。在整个过程中，有效的沟通、合作和持续改进是保持成功供应商关系的关键。

第十二章　供应链风险管理

第一节　风险管理目的

风险管理是一个关键的企业管理过程，旨在识别、评估、监控和控制可能对企业造成损失的各种风险。它涉及一系列策略和实践，目的是最大限度地减少或消除风险对企业目标的负面影响。

一、风险识别和评估

1. 风险意识

提升对潜在风险的认识和理解，包括内部和外部风险。使企业能够预先认识到可能对业务造成负面影响的因素。

2. 风险量化

通过系统化的方法评估风险的可能性和潜在影响。量化风险可以帮助企业更有效地进行决策和资源分配。

二、风险预防和减轻

1. 风险预防

采取措施预防风险发生，如改进流程、增强控制和提高员工意识。预防策略有助于减少风险发生的可能性。

2. 风险减轻

对于无法完全避免的风险，制定减轻措施以降低其潜在影响，包括制定应急计划、风险转移（如通过保险）和风险分散。

三、提高决策质量和效率

1. 信息支持

通过风险管理提供更准确和全面的信息支持，帮助管理层作出更明智的决策。风险管理提供的数据和分析是重要的决策支持工具。

2. 资源优化

确保企业资源（如资金、人员和时间）被投入到最需要的地方。风险管理有助于优化资源配置，减少浪费。

四、维护企业声誉和品牌价值

1. 企业声誉保护

通过有效的风险管理，减少可能对企业声誉造成损害的事件。保护企业免受负面新闻和公众不满的影响。

2. 品牌价值维护

避免因风险事件导致的品牌价值下降。通过展现良好的风险管理能力，增强客户和投资者的信心。

五、合规性和法规遵循

1. 法律合规

确保企业在所有业务活动中遵守适用的法律法规。避免因违法违规行为带来的法律风险和经济损失。

2. 行业标准和最佳实践

遵循行业标准和最佳实践，以提高业务的整体效率和效果。保持与行业发展同步，避免落后于竞争对手。

六、持续发展和长期成功

1. 稳定性和持续性

通过管理风险，增加业务的稳定性和预测性。为企业的长期发展和成功打下坚实的基础。

2.适应性和弹性

提高企业对市场变化和潜在危机的适应性和弹性。使企业能够在不确定性和挑战中生存和发展。

风险管理的根本目的是保护企业免受潜在风险的负面影响，同时优化决策过程和资源分配，维护企业声誉和品牌价值，并确保合规性和长期成功。通过有效的风险管理，企业能够更好地预测和应对潜在的风险，从而在竞争激烈的市场环境中保持稳定和竞争力。

第二节　风险管理内容

风险管理是一个关键的企业过程，涉及识别、评估、监控和控制可能对企业运营产生负面影响的风险。它包含了一系列的步骤和活动，旨在最大限度地减少风险的潜在损害。以下是对风险管理内容的详细叙述。

一、风险识别

1.内部和外部风险源

识别可能对企业造成损害的内部和外部风险源，包括财务风险、运营风险、市场风险、法律风险等。

2.数据收集和分析

收集相关数据和信息，使用分析工具如 SWOT 分析（优势、劣势、机会、威胁）、PESTEL 分析（政治、经济、社会、技术、环境和法律）等。

二、风险评估

1.概率和影响评估

评估各种风险发生的概率及其可能对企业造成的影响。使用风险矩阵来评估风险的严重性和优先级。

2.风险分类

将识别的风险按照类型、影响范围和紧急程度进行分类，如战略风险、操作风险、财务风险等。

三、风险控制和缓解

1. 风险缓解策略

开发风险缓解策略，包括风险避免、减少、转移（如通过保险）或接受。确定具体的行动计划和措施。

2. 应急计划

制订应对各种风险的应急计划和程序，包括备份计划、恢复策略和危机管理团队。

四、风险监控

1. 持续监控

对识别的风险进行持续监控，以及时捕捉风险的变化和新出现的风险。利用风险仪表板和实时报告系统进行监控。

2. 性能指标

设定和监测关键风险指标（KRI）和性能指标。这些指标有助于量化风险管理的效果。

五、风险沟通和报告

1. 内部沟通

确保风险信息在组织内部适当的级别和部门之间有效沟通，包括定期的风险管理报告和会议。

2. 利益相关者沟通

与外部利益相关者（如投资者、合作伙伴、监管机构等）就风险管理活动进行沟通。提供透明的风险报告和披露。

六、风险文化和培训

1. 建立风险文化

在企业内部培养对风险管理重要性的认识，包括从高层到基层员工的风险意识和责任感。

2. 培训和教育

对员工进行风险管理相关的培训和教育，提供必要的资源和工具来支持员工识别和管理风险。

七、合规性和法规遵守

1. 法律合规

确保风险管理活动符合相关法律法规和标准，包括数据保护法规、行业标准等。

2. 合规性监控

监控组织的合规性状态，确保遵循所有相关的法规和政策，包括定期的合规性审计和评估等。

有效的风险管理是确保企业可持续发展的关键。通过识别、评估、控制和监控风险，企业能够更好地准备应对潜在的挑战和威胁，从而保护企业资产、维持企业声誉和提高市场竞争力。此外，风险管理还有助于提高决策质量、优化资源分配并提高整体企业效率。通过实施全面的风险管理策略和流程，企业可以在不断变化的市场环境中保持稳定和弹性。

第三部分 数字化智能制造在绿色供应链管理的应用

第十三章 绿色供应链管理

第一节 绿色供应链原则

绿色供应链原则是一套旨在促进供应链环境可持续性的指导原则和实践。这些原则涵盖了从原材料获取、生产加工、产品分配、消费使用，到废弃物处理的全过程。其核心目的是减少对环境的负面影响，提升资源效率，同时确保供应链的经济可持续性。

一、环境友好的采购

1. 原材料选择
优先选择环境影响小、可再生或可回收的材料。

2. 供应商评估
评估和选择那些遵守环保法规，实施环境管理体系的供应商。

二、生态设计和产品开发

1. 产品设计
在设计阶段，考虑产品的整个生命周期，包括易于回收、降低能耗等。

2. 创新技术
采用减少废物和排放的新技术，如清洁生产技术等。

三、环保生产过程

1.能源和资源效率

优化生产过程以减少能源和资源消耗。

2.废物管理

最小化废物产生，并促进废物的回收和再利用。

四、绿色物流和分销

1.运输优化

选择环保运输方式，优化配送路线以减少排放。

2.包装减量

使用环保和可降解的包装材料，减少包装废弃物。

五、环境友好的市场营销

1.绿色品牌

强调产品的环保属性，推广绿色消费。

2.消费者教育

教育消费者如何环保使用和处理产品。

六、废弃物回收和再利用

1.产品回收

实施产品回收计划，促进产品的循环利用。

2.废弃物处理

安全、有效地处理不能再利用的废弃物。

七、合规性与风险管理

1.法规遵从

确保所有操作符合相关的环保法规和标准。

2. 风险评估

定期进行环境风险评估，制定相应的风险控制策略。

八、持续改进与创新

1. 绩效监控

监控和评估绿色供应链实践的效果，定期发布报告。

2. 持续创新

鼓励在产品、过程和技术上的持续创新以提高环境绩效。

九、利益相关者的参与和沟通

1. 利益相关者合作

与政府、非政府组织、社区和消费者合作，共同推进绿色供应链。

2. 透明度

提高供应链的透明度，公开相关的环保信息和数据。

十、社会责任

1. 员工福利和安全

确保工作环境安全，提高员工福利。

2. 社区参与

参与社区的环境保护活动，促进当地的可持续发展。绿色供应链原则不仅关注环境保护，还涉及经济和社会两个方面的可持续发展。通过实施这些原则，企业不仅能减少对环境的负面影响，提升资源利用效率，还能增强企业的社会责任感和市场竞争力。随着全球对环境保护的重视程度日益加深，绿色供应链已成为企业可持续发展的重要组成部分。

第二节　绿色供应链重要性

绿色供应链的重要性体现在多个方面，涉及环境、经济、社会和企业竞争力等多个层面。以下是对绿色供应链重要性的详细叙述。

一、环境保护

1. 减少排放

绿色供应链通过优化运输、提高能源效率等措施，显著降低了温室气体和其他污染物的排放。

2. 资源高效利用

促进资源的有效利用，减少资源浪费，尤其在原材料选择和废物管理方面。

3. 生态系统保护

通过减少对自然资源的依赖和破坏，有助于保护生态系统和生物多样性。

二、经济效益

1. 成本节约

通过提高操作效率和资源利用率，降低长期运营成本。

2. 市场优势

响应消费者对环保产品的需求，提高市场竞争力。

3. 供应链稳定性

应对资源紧缺和环境法规带来的挑战，提高供应链的稳定性和适应性。

三、社会责任

1. 提高公众意识

促进社会对环保的重视，引导消费者向更环保的消费习惯转变。

2. 社区和员工福祉

改善工作条件和环境，提升社区和员工的生活质量。

3. 符合法规要求

遵守日益严格的环保法规和标准，避免法律风险。

四、企业竞争力

1. 品牌形象提升

树立企业的环保形象，增强品牌价值和消费者信任。

2. 创新驱动

绿色供应链鼓励创新，在产品设计、生产技术等方面寻求突破。

3. 合作与伙伴关系

促进与供应商、客户及其他利益相关者的合作，建立更紧密的合作伙伴关系。

五、响应全球趋势

1. 应对气候变化

全球气候变化对企业运营和供应链产生重大影响，绿色供应链是应对这一挑战的关键。

2. 国际贸易和政策适应

随着国际贸易中环保要求的提高，绿色供应链成为企业参与国际市场的必要条件。

3. 可持续发展目标

符合联合国可持续发展目标（SDGs），特别是在负责任的消费和生产方面。

六、长期可持续性

1. 风险管理

通过对环境风险的预见和管理，提高企业应对未来挑战的能力。

2. 长期投资回报

虽然初期可能需要更高的投资，但长期来看，绿色供应链可带来更大的经济和环境效益。

3. 塑造未来趋势

绿色供应链是塑造未来商业和生产模式的关键驱动力。绿色供应链的重要性不仅体现在其对环境保护的贡献上，还包括对经济效益的提升、社会责任的履行以及企业竞争力的增强。随着全球对环境可持续性的重视程度不断提高，绿色供应链已成为现代企业不可或缺的一部分。企业通过实施绿色供应链策略，不仅能够更好地适应市场和环境的变化，还能在长期发展中保持竞争优势，同时为社会和环境的可持续发展作出积极贡献。

第十四章　数字化智能制造中的
绿色供应链选择

第一节　供应商评估标准

供应商评估是企业供应链管理的重要组成部分，其目的是确保供应商能够满足企业的业务需求、质量标准、成本控制、交货时间和可持续性要求。供应商评估的标准通常涉及多个方面，包括但不限于以下内容。

一、质量管理

1. 质量认证

评估供应商是否拥有如 ISO 9001 等国际认证。

2. 质量控制流程

检查供应商的质量控制和管理流程是否健全。

3. 历史质量表现

分析供应商过去的质量问题记录和客户投诉情况。

二、价格和成本效益

1. 价格竞争力

评估供应商提供的价格是否具有市场竞争力。

2. 成本结构透明度

供应商是否能够提供清晰的成本结构。

3. 长期成本节约

供应商是否能够通过技术创新或规模经济来提供长期的成本节约。

三、交货和供应能力

1. 交货时间

评估供应商的交货周期是否符合要求。

2. 供应能力

考察供应商的生产能力和供应链的弹性。

3. 应对紧急需求的能力

供应商在面临紧急需求时的响应速度和能力。

四、技术能力和创新

1. 技术专业性

评估供应商的技术水平是否符合产品和服务的需求。

2. 研发能力

考察供应商在新产品开发和技术创新方面的能力。

3. 持续改进

供应商是否持续改进产品和流程，以提高效率和质量。

五、环境和社会责任

1. 环境管理体系

供应商是否有如 ISO 14001 等环境管理体系认证。

2. 可持续发展实践

评估供应商在节能减排、资源循环利用等方面的实践。

3. 社会责任

考察供应商的劳动条件、社区参与和伦理道德标准。

六、金融稳定性和风险管理

1. 财务健康状况

分析供应商的财务报表，评估其财务稳定性。

2. 风险管理能力

供应商应对市场波动和运营风险的能力。

3. 保险和风险转移机制

供应商是否有适当的保险和风险管理措施。

七、合作记录和声誉

1. 合作记录

评估与供应商的历史合作情况和成效。

2. 市场声誉

调查供应商在行业中的声誉和信誉。

3. 客户反馈

收集和分析其他客户对供应商的评价。

八、法律合规性

1. 法律遵从

确保供应商遵守相关的法律法规。

2. 知识产权

评估供应商在知识产权保护方面的表现。

3. 合同执行能力

供应商遵守合同条款的记录和能力。

九、沟通和服务

1. 响应速度

评估供应商对需求变更和问题的响应速度。

2. 服务质量

考察供应商在售后服务和技术支持方面的表现。

3. 沟通效率

供应商在沟通和信息共享方面的能力。

十、本地化和文化因素

1. 地理位置

考虑供应商的地理位置对物流和交货时间的影响。

2. 文化适应性

评估供应商是否理解并适应您的企业文化和业务需求。

3. 语言和沟通

供应商在跨文化沟通和语言适应上的能力。

供应商评估是一个综合性和多维度的过程，涉及质量、成本、供应能力、技术创新、环境和社会责任等多个方面。通过对供应商进行全面的评估，企业不仅能确保供应链的稳定性和效率，还能加强企业的社会责任实践，提升整体竞争力。在当今日益复杂和动态变化的商业环境中，有效的供应商评估对于企业的成功至关重要。

第二节　绿色区块链技术在智能制造业中的应用

随着环境保护和可持续发展日益成为全球关注的焦点，各行各业都在寻求可持续和环保的解决方案。在制造业中，智能制造技术的兴起已经为提高效率和减少资源浪费提供了机会。与此同时，区块链技术的发展也引发了绿色区块链技术的兴起，它旨在将区块链应用于环境友好和可持续性的领域。本节将详细探讨绿色区块链技术在智能制造业中的应用，以及其对可持续制造和环境保护的潜在影响。

一、绿色区块链技术的基本概念

1. 区块链技术概述

区块链是一种去中心化的分布式账本技术，其最早应用是比特币，但现在已广泛应用于各个领域。它的核心特征包括去中心化、不可篡改、透明和安全。区块链通过将数据记录在区块中，然后将区块链接在一起，形成一个链式结构，确保数据的安全性和完整性。每个区块都包含了前一个区块的信息以及时间戳，从而形成了一个不可逆转的数据历史。

2. 绿色区块链技术的概念

绿色区块链技术是将区块链技术与环保和可持续性目标相结合的应用领域。它旨在通过减少能源消耗、降低碳排放和优化资源利用等方式，将区块链技术用于更环保和可持续的目的。绿色区块链技术的出现是对传统区块链技术可能存在的高能耗和环境影响的回应。

二、智能制造与绿色区块链的结合

1. 智能制造的定义与特点

智能制造是一种集成了物联网（IoT）、大数据、人工智能（AI 技术）等先进技术的制造方式。其核心目标是实现生产过程的自动化、智能化和高效化，以提高生产效率、减少资源浪费和降低成本。智能制造通常包括数字化工厂、智能设备和物联网传感器等元素。

2. 绿色区块链技术在智能制造中的应用

绿色区块链技术可以在智能制造领域发挥多方面的作用，包括但不限于以下方面。

（1）资源管理和优化：智能制造需要大量的资源，包括原材料、能源和人力资源。绿色区块链技术可以帮助制造企业实现资源的高效管理和优化利用。通过区块链的透明性和不可篡改性，企业可以更好地追踪资源的流向和使用情况，确保资源不被浪费。智能传感器和物联网设备可以实时监测设备和机器的性能，帮助预测维护需求，进一步减少资源浪费。

（2）智能供应链管理：智能制造需要高度协调和优化的供应链。绿色区块链技术可以增加供应链的透明性和可追溯性，确保材料和产品的来源和质量可信。智能合同和智能合作伙伴关系可以在供应链中自动化流程，减少错误和延误。这有助于减少不必要的运输和库存，降低碳排放。

（3）能源效率：智能制造设备通常需要大量能源，绿色区块链技术可以帮助企业实现能源的高效使用。区块链可以记录和验证可再生能源的产生和使用情况，确保企业符合环保法规。智能监控和预测分析可以帮助企业优化能源使用，降低能源浪费。

（4）碳排放追踪和减少：绿色区块链技术可以用于追踪企业的碳排放情况。通过将能源使用和生产活动记录在区块链上，企业可以准确计算其碳足迹。智能合同可以自动化碳排放交易和减排措施的实施。这有助于企业降低碳排放并遵守环保法规。

（5）产品生命周期管理：绿色区块链技术可以用于跟踪产品的整个生命周期。从原材料采购到生产、运输、销售和废弃处理，所有的数据都可以被记录在区块链上。这有助于企业了解产品的环境影响，采取措施降低生命周期的环境足迹。

三、潜在影响和挑战

1. 潜在影响

绿色区块链技术在智能制造业中的应用潜在影响包括以下几个方面

（1）环保和可持续性：最显著的潜在影响是环保和可持续性的提升。通过使用绿色区块链技术，制造企业可以更好地管理资源、减少能源消耗、优化供应链和降低碳排放。这将有助于实现可持续的制造流程，降低生产对环境的不利影响，符合全球可持续发展目标。

（2）透明度和信任：绿色区块链技术增加了制造企业和其供应链伙伴之间的透明度和信任。由于区块链的不可篡改性，数据的真实性和完整性得到了保证，减少了潜在的欺诈和不当行为。这有助于建立更加稳固的商业伙伴关系，提高供应链的可信度。

（3）成本效益：绿色区块链技术可以帮助企业降低能源、物流、维护和碳排放等方面的成本。通过更有效的管理资源和供应链，企业可以实现更高的生产效率和更低的运营成本。此外，减少碳排放还可以避免与碳税和环保罚款相关的成本。

（4）品牌价值：采用绿色区块链技术，企业可以证明其对环保和可持续发展的承诺，提升其品牌价值。越来越多的消费者和投资者对企业的社会责任和可持续性表现非常关注。因此，采用绿色区块链技术可以帮助企业在市场上建立积极的品牌形象，吸引更多的客户和投资者。

2.挑战与障碍

尽管绿色区块链技术在智能制造中具有巨大的潜力，但也面临一些挑战和障碍。

（1）高能源消耗

区块链技术本身可能会消耗大量的能源，尤其是在公共区块链网络上。为了确保绿色区块链技术的可持续性，需要采取措施来降低其能源消耗，如采用更节能的共识机制或在私有链上部署。

（2）数据隐私和安全

绿色区块链技术涉及大量的数据共享和存储，这可能引发数据隐私和安全问题。必须采取适当的数据保护和加密措施，以确保敏感信息不会被恶意访问或泄露。

（3）标准化和互操作性

绿色区块链技术的标准化和互操作性仍然是一个挑战。不同的制造企业和供应链伙伴可能使用不同的区块链平台和标准，这可能导致数据集成和协作问题。制定共享标准和协议将是解决这一问题的关键。

（4）教育和采纳

绿色区块链技术相对较新，需要企业和从业人员的教育和培训，以充分了解其潜力和应用。此外，企业需要克服采用新技术所带来的惯性和不确定性。

四、展望和建议

绿色区块链技术在智能制造业中的应用为实现可持续制造和环保目标提供了新的机会。尽管存在一些挑战和障碍，但随着技术的不断发展和采纳，它有望在未来发挥更大的作用。企业和政府需要积极采用这一技术，以促进智能制造业的可持续发展，降低环境影响，提高资源利用效率。为了进一步推动绿色区块链技术在智能制造中的应用，以下是一些展望和建议。

1.技术创新

继续研究和开发新的绿色区块链技术，以解决能源效率、隐私安全和标准化等方面的挑战。例如，采用更高效的共识机制，如权益证明（PoS），以降低能源消耗。

2. 合作伙伴关系

制造企业应积极与区块链技术提供商、能源供应商、政府机构和环保组织等各方合作，共同推动绿色区块链技术的应用。合作可以加速技术的发展和采纳。

3. 教育和培训

为企业员工提供有关绿色区块链技术的培训和教育，帮助他们更好地理解和应用这一技术。这将有助于促进技术的采纳和实施。

4. 政策支持

政府可以通过制定支持可持续制造和绿色区块链技术应用的政策和法规，鼓励企业采用环保技术，降低碳排放，提高资源利用效率。

5. 示范项目

制造企业可以积极参与绿色区块链技术的示范项目，收集数据和案例研究，以展示其在环保和可持续性方面的潜力和成果。

总之，绿色区块链技术在智能制造业中具有巨大的潜力，可以推动可持续制造和环境保护的目标。尽管存在一些挑战，但通过合作、创新和政策支持，可以充分利用这一技术，为未来的智能制造带来更绿色、更可持续的发展。这不仅有助于企业提高竞争力，还将有助于保护我们的环境和资源，实现更可持续的未来。

第十五章　数字化技术在供应链管理中的应用

第一节　供应链管理中的数字化技术及应用

近年来，随着智能科技的迅猛发展，数字化技术已经成为各个行业不可或缺的一部分。在供应链管理领域，数字化技术也正迎头赶上，成为关键驱动因素。产业互联网、区块链、人工智能等技术正在以加速的速度推动着供应链的数字化转型。本节将从数字化技术在供应链管理中的应用现状、未来预测以及未来趋势三方面进行深入探讨。

一、数字化技术在供应链管理中的应用现状

1. 大数据

数字化技术的广泛应用以数据为核心，而在供应链管理领域，大数据的应用尤为显著。传统的供应链管理主要依赖于人工收集和处理数据，存在时间成本高、误差率高、被动反应等一系列问题需要克服。与此不同，大数据的应用使供应链管理更加高效和精确，能够实时监测物流、库存、销售等多个环节的动态变化。同时，人工智能的运用也使数据分析更加智能化，提高了分析结果的准确性。

2. 物流追溯

在供应链管理中，物流信息的准确性和实时性至关重要，而数字化技术的应用正能够满足这一需求。传统的物流追溯系统难以满足高效物流的要求，而数字化物流追溯系统能够实时记录物流信息，实现了物流的完全透明化。这种数字化转变将产线和仓库数字化紧密融合，从而提高了物流效率并降低了运输成本。同时，数字化的物流追溯也增强了消费者对产品质量和安全性的信任。

3. 智能预测

在供应链管理中，预测能力至关重要，而人工智能的应用为供应链管理赋予了智能预测的能力。现代供应链管理需要快速响应新产品需求，同时需要避免库存积压风险。通过对大数据进行分析和建模，可以预测未来市场趋势，进而优化生产计划和销售策略，降低库存风险和运营成本。

二、数字化技术在供应链管理中的未来预测

1. 数字化协同

在未来的供应链管理中，数字化协同将成为一项主要趋势，不同企业之间的合作将更加高效和智能化。在这一模式下，企业可以通过数字渠道及时共享物流信息，实现物流追溯，同时可以通过智能科技来优化生产流程，降低生产成本。数字化协同还有助于多方企业实现供应链的可视化，从而提高管理效率和决策能力。

2. 智慧仓库

未来的仓库将转变为数据密集型的服务中心，借助智能设备实现物流信息的实时追踪。同时，这些仓库将配备 AI 技术控制的自动化仓储管理系统，能够协助企业实现机器人和 AGV 等设备的集中调度，优化库存管理，扩大仓库存储容量，提高工作效率，降低潜在的安全风险。

3. 全球化供应链

未来可能会出现全球化的数字化供应链，借助物联网等技术，将不同地区、文化和语言的企业紧密连接起来，使跨国物流更加便捷和高效。数字化技术有助于更好地协调全球化供应链之间的合作关系，便于信息共享，提高供应链的透明度。

三、数字化技术在供应链管理中的未来趋势

1. 区块链

区块链技术在供应链管理领域有广泛的应用前景。它提供了一种不可篡改的共享账本技术，可用于帮助批发商、零售商、物流公司，甚至具有时间敏感性需求的产品（如食品和药品）实现不可逆转的流程记录、信息共享和数据追踪等功

能。区块链技术能够连接原材料供应商和终端消费者，全面记录商品的生命周期轨迹。同时，它还有助于消除供应链各个节点之间的信任障碍，构建开放式的信任网络。

2. 产业互联网

产业互联网是工业物联网与数字化技术相结合的产物，它打破了传统产业的垂直划分，促进了不同产业之间更紧密的网络连接。这也催生了新的业务模式，如订单收付款、商品动态跟踪和企业之间的成本协同等。将产业互联网与供应链管理相结合，可以实现全生命周期的数字化管理和精细化控制，提高企业的运营效率和灵活性，同时增强供应链的可信度，进一步推动供应链的数字化进程。

3. 人工智能（AI 技术）

人工智能在供应链管理领域的应用正迅速发展。数据分析算法、预测模型等技术使得人工智能能够更好地协助供应链管理。对于货运和仓储公司，人工智能可以帮助应对库存和库龄流动性问题，简化协同合作工作，降低运输和仓储成本。对于生产型企业，通过智能化的管理和排程安排，人工智能有助于更好地响应市场需求，降低总体生产成本。

不断发展的数字化技术为供应链管理带来了众多机会和挑战。采用数字化技术，可以实现供应链管理的智能化、高效化和精细化现代化管理，不断提高整个供应链行业的水平。未来的数字化供应链将更加智能和灵活，必将推动整个供应链行业的升级和转型。

第二节　大数据在供应链管理中的应用

随着科技的快速发展和全球化经济的不断扩展，供应链管理已经成为现代企业成功的关键因素之一。供应链管理涵盖了从原材料采购到生产、仓储、物流和销售的各个环节，因此需要大量的信息和数据来支持决策制定和流程优化。大数据技术的兴起为供应链管理提供了全新的机会和挑战。本节将详细探讨大数据在供应链管理中的应用，包括其概念、重要性、应用领域、优势与挑战以及未来趋势。

一、大数据与供应链管理的概念

1. 大数据的概念

大数据是指规模庞大、多样化和高速生成的数据集合，传统数据管理工具和方法难以有效处理。大数据通常包括结构化数据（如数据库记录等）和非结构化数据（如社交媒体评论、传感器数据等）。大数据的特点归结为 5V，即Volume(大量)、Velocity(高速)、Variety(多样)、Value(价值密度)和 Veracity(真实性 Volume)。[①]

2. 供应链管理的概念

供应链管理是指协调和管理所有涉及产品或服务的流程，包括原材料采购、生产、仓储、物流、分销和售后服务。其主要目标是确保产品或服务以最低的成本、最高的效率和最高的质量从供应商到最终客户的手中。供应链管理的关键要素包括库存管理、需求规划、生产计划、供应商管理、物流和运输管理等。

二、大数据在供应链管理中的重要性

1. 改善决策制定

大数据为供应链管理提供了更多的决策支持和信息，使企业能够更准确地预测需求、优化库存、调整生产计划和制定供应链战略。大数据分析可以帮助企业更好地理解市场趋势、客户需求和竞争对手动态，从而作出更明智的决策。

2. 提高供应链可见性

大数据技术可以实时监测供应链的各个环节，使企业能够实现供应链的全面可见性。这意味着企业可以追踪物流、库存、订单和交付等信息，随时了解产品的位置和状态。供应链可见性有助于减少不必要的延误和错误，提高交付的准确性。

3. 降低库存成本

大数据分析可以帮助企业更好地管理库存。通过预测需求、监测销售趋势和分析供应链数据，企业可以降低库存水平，减少库存占用的资金，降低库存损失和过期产品的风险。

---

① 田国华. 大数据产业政策变迁与科技成果转化 [M]. 北京 : 中国商务出版社，2021:5.

4. 提高客户满意度

大数据分析可以帮助企业更好地了解客户需求和偏好。通过个性化的市场营销和定制化的产品和服务，企业可以提高客户满意度和忠诚度。及时交付和准确的订单处理也是提高客户满意度的关键。

三、大数据在供应链管理中的应用领域

1. 需求预测

需求预测是供应链管理中的关键环节。大数据分析可以帮助企业更准确地预测产品或服务的需求。通过分析历史销售数据、市场趋势、社交媒体评论和客户反馈等信息，企业可以制订更精确的需求计划，避免出现库存过多或供不应求的问题。

2. 库存优化

大数据技术可以帮助企业优化库存管理。通过实时监测库存水平、供应链状态和订单信息，企业可以及时调整库存，确保产品的可用性，同时最小化库存成本。

3. 供应链可见性

大数据分析可以提供供应链的实时可见性。企业可以随时追踪产品的位置、状态和运输情况，确保订单按时交付。这有助于减少延误和错误，提高供应链的效率。

4. 质量控制

大数据可以用于质量控制和质量管理。通过监测生产过程中的传感器数据、生产线状态和产品质量数据，企业可以及时发现和解决质量问题，提高产品质量和客户满意度。

5. 供应商管理

大数据分析还可用于供应商管理。企业可以使用大数据来评估供应商的绩效，监测交付时间和质量，以及分析供应商的可靠性。这有助于企业选择最合适的供应商，并与供应商建立更紧密的合作关系。

6. 物流和运输优化

大数据技术在物流和运输方面的应用也非常广泛。通过实时监测物流信息、

交通情况和运输成本，企业可以优化物流路线、选择最经济的运输方式，减少运输时间和成本。

7. 预测性维护

在制造业中，大数据分析可以用于预测性维护。通过监测生产设备的传感器数据和运行状态，企业可以提前发现潜在的故障和问题，避免生产中断，降低维修成本。

8. 可持续性管理

大数据还可用于可持续性管理。企业可以监测和分析环境数据，如能源消耗、碳排放和废弃物产生，以制定可持续发展战略和减少环境影响。

四、大数据在供应链管理中的优势

1. 更精确的决策

大数据分析可以提供更多的信息和数据支持，帮助企业作出更精确的决策，减少不确定性。

2. 提高效率

大数据可以优化供应链流程，提高生产和物流的效率，降低成本。

3. 改善客户体验

通过分析客户数据，企业可以提供个性化的产品和服务，提高客户满意度。

4. 降低风险

大数据分析可以帮助企业更好地管理风险，预测供应链中可能出现的问题，及时采取措施。

五、大数据在供应链管理中的挑战

1. 数据质量

大数据的质量和准确性是一个挑战，企业需要确保数据的来源和完整性。

2. 数据隐私

处理大数据涉及大量的个人和敏感信息，需要合规的数据隐私政策和安全措施。

3. 技术复杂性

大数据技术的应用需要高度复杂的技术和工具，企业需要投入大量的资源进行技术开发和培训。

4. 集成和标准化

不同供应链环节和系统可使用不同的数据格式和标准，数据集成和标准化是一个挑战。

5. 成本

建立和维护大数据基础设施需要大量的资金投入。

六、未来趋势和展望

1. 物联网（IoT）和大数据的结合

随着物联网设备的不断增加，物联网数据将成为供应链管理中的重要信息来源。物联网设备可以实时监测产品和运输的状态，为大数据分析提供更多的数据点，进一步优化供应链流程。

2. 人工智能（AI 技术）和机器学习

人工智能和机器学习技术将成为大数据分析的重要工具。这些技术可以自动化数据分析过程，发现隐藏的模式和趋势，提供更精确的预测和建议。

3. 区块链技术

区块链技术可以提高供应链的可追溯性和透明性，为大数据分析提供更可靠的数据来源。区块链还可以增强数据安全性和隐私保护。

4. 边缘计算

边缘计算将大数据分析推向物联网设备的边缘，减少数据传输延迟，并加快实时决策的速度。这将在供应链管理中特别有用，特别是对于需要快速反应的情况，如库存调整和交付调度等。

5. 可持续性和绿色供应链

大数据分析也将在可持续供应链管理中发挥作用。通过监测和分析环境数据，企业可以降低碳排放、减少能源消耗，并实现更环保的供应链管理。

6. 数据共享和合作

未来供应链管理将更加强调数据共享和合作。企业将与供应链伙伴、物流公司和其他利益相关者共享数据，以提高整个供应链的可见性和效率。

7. 教育和培训

为了充分利用大数据技术，企业需要对员工进行培训，提高他们的数据分析和技术能力。教育和培训将成为未来供应链管理的重要组成部分。

综上所述，大数据在供应链管理中的应用已经成为现代企业成功的关键因素之一。它可以帮助企业更准确地预测需求、优化库存、提高效率、改善客户体验，并降低风险。尽管面临一些挑战，如数据质量、隐私和技术复杂性，但随着技术的不断发展和采纳，大数据将继续为供应链管理带来更多机会和好处。未来，物联网、人工智能、区块链等新兴技术将进一步推动供应链管理的数字化和智能化，帮助企业更好地适应快速变化的市场和客户需求。通过持续投资和创新，企业可以确保它们在竞争激烈的市场中保持竞争优势，并实现可持续的供应链管理。

第三节　传统企业供应链数字化转型思维

随着科技的迅猛发展和数字化时代的来临，传统企业供应链数字化转型已经成为企业竞争力和生存能力的重要因素之一。传统企业供应链数字化转型是指将传统的供应链管理方式和流程，通过引入数字技术和信息化工具，实现信息的实时共享、决策的智能化、流程的优化和客户体验的提升。本节将详细叙述传统企业供应链数字化转型的思维方式、关键要素、实施步骤以及未来趋势和展望。

一、传统企业供应链面临的挑战

1. 市场变化

传统企业供应链面临着市场需求变化的挑战，市场变化越来越快，客户需求越来越多样化。企业需要更加灵活和敏捷地响应市场变化，以满足客户的需求。

2. 供应链可见性

传统企业供应链通常存在供应链可见性不足的问题，缺乏对供应链各环节的实时监控和掌握。这导致了信息不对称、交付延误和库存过多等问题。

3.高成本和低效率

传统企业供应链通常采用手工或半自动化的方式进行操作和决策，导致了高成本和低效率。不仅需要大量人力资源，还容易出现错误和延误。

4.数据孤岛

在传统企业供应链中，数据通常分散在不同的系统和部门之间，形成了数据孤岛。这使得数据难以共享和整合，阻碍了决策制定和流程优化。

5.竞争压力

随着数字化时代的到来，新兴科技企业和电商巨头等竞争对手正不断挑战传统企业的供应链模式。传统企业需要提高竞争力，以应对激烈的市场竞争。

二、传统企业供应链数字化转型的思维方式

1.数据驱动

传统企业供应链数字化转型的核心思维方式是数据驱动。企业需要充分利用现有的数据资产，通过数据分析和挖掘，深入了解市场、客户和供应链运作情况，以支持决策制定和流程优化。

2.客户导向

客户导向是另一个重要的思维方式。企业需要将客户的需求和体验放在首位，积极倾听客户的反馈和建议，不断改进产品和服务，以满足客户的期望。

3.创新和敏捷

传统企业需要具备创新和敏捷的思维方式，积极探索新的技术和方法，不断改进供应链流程，提高效率和灵活性，以适应市场的变化。

4.合作共赢

合作共赢是传统企业供应链数字化转型的重要思维方式之一。企业需要与供应链伙伴、技术提供商和其他利益相关者建立合作关系，共同推动数字化转型，实现互利互惠。

5.持续改进

持续改进是数字化转型的关键思维方式。企业需要建立持续改进的文化，鼓励员工不断提出改进意见，优化流程和服务，以提高效率和质量。

三、传统企业供应链数字化转型的关键要素

1. 技术基础设施

建立强大的技术基础设施是数字化转型的关键要素之一。企业需要投资于硬件、软件、云计算和大数据平台等技术工具，以支持数据的采集、存储和分析。

2. 数据管理和分析

数据管理和分析是数字化转型的核心要素。企业需要建立健全的数据管理体系，包括数据采集、清洗、存储、分析和可视化。数据分析可以帮助企业洞察市场趋势、客户需求和供应链运作情况，支持决策制定。

3. 人才与培训

拥有合适的人才和培训是数字化转型不可或缺的要素。企业需要雇佣具备数字化技能的员工，或通过培训现有员工提升他们的数字化能力。

4. 数据安全和隐私

数据安全和隐私保护是数字化转型的重要要素。企业需要采取措施保护敏感数据，制定合规的数据隐私政策，以确保数据的安全和合法使用。

5. 流程优化

流程优化是数字化转型的关键步骤。企业需要重新审视现有的供应链流程，识别瓶颈和优化点，通过数字化技术来改进流程，提高效率。

四、传统企业供应链数字化转型的实施步骤

1. 制定数字化战略

企业需要制定数字化战略，明确数字化转型的目标和愿景。这包括确定数字化转型的范围、明确数字化转型对企业的价值和影响，以及建立数字化转型的长期规划。

2. 评估现状和需求

企业需要对当前的供应链管理情况进行全面的评估，包括现有的流程、技术基础设施、数据管理能力和人才水平。这有助于确定数字化转型的优先级和需求。

3. 技术选择和投资

在选择数字技术和工具时，企业需要考虑其数字化战略和需求。选择适合企业规模和业务特点的技术解决方案，进行投资评估，确保投资的合理性。

4. 数据整合和分析

建立强大的数据管理和分析能力是数字化转型的核心。企业需要整合不同数据源的数据，建立数据仓库或数据湖，实施数据清洗和质量控制，然后利用数据分析工具进行数据分析。

5. 人才培训和招聘

企业需要培训现有员工，提高他们的数字化技能和意识。同时，企业可能需要招聘具备数字化专业知识的员工，以支持数字化转型的实施。

6. 流程改进和优化

重新审视供应链流程，识别需要改进的环节，然后通过数字化技术来优化流程，包括自动化、智能化和标准化流程，以提高效率和减少错误。

7. 数据安全和隐私保护

制定数据安全策略和隐私政策，确保数据的安全性和合规性。采取必要的措施，如加密、访问控制和风险评估，以降低数据泄露和安全威胁的风险。

8. 监控和评估

数字化转型是一个持续的过程，企业需要建立监控和评估机制，以追踪数字化转型的进展和效果。根据监控结果，及时调整数字化战略和计划。

综上所述，传统企业供应链数字化转型是适应数字化时代的不可或缺的步骤。它不仅可以提高供应链的效率和质量，还可以增强企业的竞争力和可持续性。通过建立数据驱动、客户导向、创新和敏捷的思维方式，以及投资于技术基础设施、数据管理和分析、人才培训和流程优化等关键要素，传统企业可以成功实施供应链数字化转型，并迎接未来的挑战和机会。未来，随着物联网、人工智能、区块链等新兴技术的不断发展，传统企业将更好地适应数字化时代的要求，实现持续创新和增长。

第四节　数字化转型如何提升供应链效能

随着信息技术的快速发展和普及，数字化转型已经成为现代供应链管理的关键。数字化转型是指通过引入数字技术和信息化工具，将传统的供应链管理方式和流程进行优化和升级，以提高供应链的效能、可见性和响应速度。本节将详细叙述数字化转型如何提升供应链效能，并探讨数字化转型在供应链管理中的影响因素和实施步骤。

一、数字化转型的影响因素

1. 数据驱动决策

数字化转型将供应链管理从以往凭经验和感觉为主转变为数据驱动的决策过程。通过数字化技术，企业可以实时监测供应链各环节的数据，包括库存水平、交付状态、生产效率等，从而基于数据和分析来做出更准确和实时的决策。这有助于降低不确定性，减少误差，提高供应链的灵活性和适应性。

2. 实时供应链可见性

数字化转型使得供应链变得更加透明和可见。企业可以通过数字化工具追踪产品在供应链中的位置和状态，了解供应商的交付情况以及客户的需求变化。这种实时供应链可见性有助于提高交付准时率、减少库存和降低运营成本。

3. 智能化和自动化流程

数字化转型也带来了智能化和自动化的供应链流程。自动化的流程可以减少人工干预，提高工作效率，降低错误率。例如，自动化订单处理系统可以更快速和准确地处理订单，自动化仓库管理系统可以实现库存的实时监控和调整，自动化物流调度系统可以优化运输路线和节省成本。

4. 数据分析和预测

数字化转型使得供应链管理更加智能化。通过数据分析和预测模型，企业可以更好地理解市场趋势、客户需求和供应链运作情况。这有助于提前预测需求，优化库存水平，减少滞销和过剩库存，降低运输成本，提高供应链的效益。

二、数字化转型的实施步骤

1. 制定数字化战略

数字化转型的第一步是制定清晰的数字化战略。企业需要明确数字化转型的目标、范围和时间表，确定关键业务需求和关键绩效指标，以便衡量数字化转型的成功。

2. 评估现状和需求

企业需要对当前的供应链管理情况进行全面的评估，包括现有的流程、技术基础设施、数据管理能力和人才水平。评估有助于确定数字化转型的优先级和需求。

3. 技术选择和投资

在选择数字技术和工具时，企业需要考虑其数字化战略和需求。选择适合企业规模和业务特点的技术解决方案，进行投资评估，确保投资的合理性。这可能包括物联网设备、大数据分析工具、云计算平台、人工智能和自动化系统等。

4. 数据整合和分析

建立强大的数据管理和分析能力是数字化转型的核心。企业需要整合不同数据源的数据，建立数据仓库或数据湖，实施数据清洗和质量控制，然后利用数据分析工具进行数据分析。数据整合和分析有助于实现数据驱动决策和智能化流程。

5. 人才培训和招聘

拥有合适的人才和培训是数字化转型不可或缺的要素。企业需要培训现有员工，提高他们的数字化技能和意识。同时，企业需要招聘具备数字化专业知识的员工，以支持数字化转型的实施。

6. 流程改进和优化

重新审视供应链流程，识别需要改进的环节，然后通过数字化技术来优化流程，包括自动化、智能化和标准化流程，以提高效率和减少错误。流程改进和优化有助于实现智能化和自动化流程。

7. 数据安全和隐私保护

制定数据安全策略和隐私政策，确保数据的安全和合规性。采取必要的措施，如加密、访问控制和风险评估，以降低数据泄露和安全威胁的风险。数据安全和隐私保护是数字化转型的重要要素。

8. 监控和评估

数字化转型是一个持续的过程，企业需要建立监控和评估机制，以追踪数字化转型的进展和效果。这些监控和评估机制可以帮助企业识别问题、改进流程、调整策略，并确保数字化转型的持续成功。通过持续的监控和评估，企业可以快速应对变化，不断优化供应链效能。

三、数字化转型的具体效能提升

1. 提高供应链可见性

数字化转型可以实现实时供应链可见性，使企业能够更清晰地了解供应链的运作情况。这包括库存水平、交付状态、生产进度等信息的实时监控。有了更高的供应链可见性，企业可以更快速地应对问题和变化，降低供应链的风险。

2. 优化库存管理

数字化转型可以帮助企业更好地优化库存管理。通过数据分析和预测模型，企业可以准确地预测需求，避免过多或过少的库存。此外，智能化的库存管理系统可以自动化调整库存和补货，降低库存成本。

3. 加速交付和响应时间

数字化转型可以加速供应链中的交付和响应时间。实时监控和数据分析可以帮助企业更快速地处理订单、调整生产计划、优化物流路线，并及时应对供应链中的问题。这有助于提高交付准时率和客户满意度。

4. 降低运营成本

通过自动化和智能化流程，数字化转型可以降低运营成本。自动化订单处理、物流调度和库存管理可以减少人力资源和错误率。此外，数据分析和预测可以帮助企业更好地规划生产和采购，降低运输成本。

5. 提高客户体验

数字化转型可以提高客户体验。通过实时供应链可见性，企业可以更准确地满足客户需求，提供更好的客户服务。同时，快速交付和及时响应也可以提高客户满意度和忠诚度。

6. 增强竞争力

数字化转型可以增强企业的竞争力。具有高效的供应链管理和灵活的供应链流程的企业可以更好地应对市场竞争和变化，获得竞争优势。此外，数字化转型还可以帮助企业更好地适应新兴技术和市场趋势，保持竞争力。

四、数字化转型的未来趋势和展望

1. 物联网和大数据的融合

未来，物联网和大数据技术将更加融合，物联网设备将成为数据采集和传输的重要工具。企业将能够实时监测供应链的各个环节，提高供应链的可见性和响应能力。

2. 人工智能和自动化

人工智能和自动化技术将在供应链中得到广泛应用。机器学习和智能决策支持系统将帮助企业更好地预测需求、优化库存、调整生产计划，并自动化物流和运输。

3. 区块链技术

区块链技术将帮助提高供应链的可追溯性和透明性。通过区块链，企业可以实现供应链中信息的不可篡改和共享，减少供应链中的欺诈和风险。

4. 可持续供应链

可持续供应链管理将成为未来的趋势。随着社会对环境可持续性和社会责任的关注不断增加，企业将更多地关注可持续发展目标。数字化转型可以帮助企业跟踪和管理供应链中的环境影响，包括减少碳排放、降低能源消耗、减少废物和提高资源利用率。通过数字化技术，企业可以更好地衡量和报告可持续性绩效，满足消费者和监管机构的要求。

5. 数据共享和合作

未来，数据共享和合作将变得更加重要。供应链不再是孤立的各个环节，而是一个复杂的生态系统。企业将与供应链伙伴、技术提供商和其他利益相关者共享数据，以实现供应链的协同优化和合作共赢。数字化转型将为数据共享和合作提供更多的机会和工具,加强供应链各方之间的联系和协作。

6. 客户导向和个性化服务

数字化转型还将带来客户导向和个性化服务的机会。通过数据分析和人工智能技术,企业可以更好地了解客户需求和偏好,为客户提供个性化的产品和服务。这有助于提高客户满意度,增加客户忠诚度,并在市场竞争中获得优势。

7. 增强供应链安全性

随着数字化转型的发展,供应链安全性也将成为关注的焦点。数字化供应链更容易受到网络攻击和数据泄露的威胁。企业需要采取必要的措施来加强供应链的安全性,包括加密、访问控制、风险评估等。同时,区块链技术的应用也可以帮助减少供应链中的欺诈和风险。

数字化转型已经成为现代供应链管理不可或缺的一部分。通过数据驱动决策、实时供应链可见性、智能化和自动化流程、数据分析和预测等影响因素,数字化转型可以显著提高供应链效能。企业需要制定清晰的数字化战略,并逐步实施数字化转型的步骤,包括技术选择和投资、数据整合和分析、人才培训和招聘、流程改进和优化、数据安全和隐私保护、监控和评估等。

未来,随着物联网、人工智能、区块链等新兴技术的不断发展,数字化转型将继续推动供应链管理的创新和升级。企业需要不断适应变化,保持敏捷性和竞争力,以满足市场需求和客户期望。数字化转型将为企业带来更多的机会和挑战,只有积极应对,才能在竞争激烈的市场中取得成功。因此,数字化转型是现代供应链管理的必然趋势,对企业的可持续发展具有重要意义。

第五节　基于数字化技术的智慧供应链生态体系

在全球商业环境中,供应链管理变得越来越复杂和关键。数字化技术的快速发展为供应链管理带来了革命性的变化,使之不再是一个传统的、线性的流程,而是一个高度数字化、智能化和生态化的系统。本节将详细叙述基于数字化技术的智慧供应链生态体系的概念、关键特征、应用领域以及发展趋势。

一、数字化技术在供应链管理中的崛起

1. 数字化技术的演进

数字化技术的崛起已经改变了供应链管理的方式。从最初的电子数据交换（EDI）到今天的物联网（IoT）、大数据分析、人工智能（AI技术）和区块链等技术，供应链管理正经历着数字革命。这些技术为供应链管理提供了更多的数据、实时的可见性和智能的决策支持。

2. 供应链的复杂性

现代供应链变得越来越复杂，涉及多个环节、多个参与者、全球范围的运输和交付。企业需要更好地管理库存、预测需求、优化运输、降低成本并提高客户满意度。在这个复杂的环境中，数字化技术成为管理供应链的关键工具。

二、基于数字化技术的智慧供应链生态体系的概念

1. 智慧供应链的定义

智慧供应链是一个基于数字化技术构建的生态系统，旨在实现供应链的全面数字化、可见性、智能化和协同化。它通过整合多个数字技术，使供应链变得更加高效、灵活、可持续和适应性强，以满足不断变化的市场需求。

2. 智慧供应链生态体系的概念

智慧供应链生态体系是一个包括供应链参与者、数字技术提供商、数据服务提供商和政府监管机构等多方参与者的生态系统。它允许不同参与者之间共享数据、资源和服务，以实现供应链的协同优化和增值。

三、基于数字化技术的智慧供应链生态体系的关键特征

1. 数据集成与共享

在智慧供应链生态体系中，数据集成与共享是关键特征之一。不同的供应链参与者可以共享数据，包括库存、订单、运输、生产和需求数据等。这种数据共享有助于提高供应链的可见性，减少信息不对称，加速决策过程。

2. 实时可见性

实时可见性是数字化供应链的重要特征之一。通过物联网和传感器技术，供

应链参与者可以实时监控货物的位置、状态、温度、湿度等关键信息。这种实时可见性有助于及时发现问题并采取行动，以减少风险和提高客户满意度。

3. 智能决策支持

数字化技术使供应链变得更加智能。人工智能和机器学习技术可以分析大量的供应链数据，自动发现模式和趋势，从而提供智能的决策支持。这有助于优化库存管理、供应链规划、需求预测和运输路线选择等决策过程。

4. 区块链的可追溯性和安全性

区块链技术在智慧供应链生态体系中具有重要地位。它提供了可追溯性和安全性，确保供应链中的数据和交易不可篡改。区块链可以用于记录货物的来源、历史和交易，从而提高供应链的透明度和信任度。

5. 环境可持续性和社会责任

智慧供应链生态体系也关注环境可持续性和社会责任。通过监测供应链中的能源消耗、废弃物产生和碳排放等数据，供应链参与者可以采取措施来减少环境影响。这符合可持续发展的目标，也满足了社会责任的要求。

四、基于数字化技术的智慧供应链生态体系的应用领域

1. 零售业

在零售业，数字化技术的智慧供应链生态体系可以用于实时库存管理、订单追踪、物流优化和客户体验提升。零售商可以通过监控库存水平、分析销售数据，实现准确的库存补充，减少过度库存和缺货情况。

2. 制造业

在制造业领域，智慧供应链生态体系可以用于实现生产线的智能化监控、原材料和零部件的实时追踪，以及生产计划的优化。制造商可以利用数据分析来提高生产效率、降低生产成本，并更好地满足客户的需求。此外，通过监测设备状态，可以进行预防性维护，减少生产中断。

3. 物流和运输

在物流和运输领域，数字化技术的智慧供应链生态体系可以用于实时监控货物的位置、温度和湿度。这有助于优化货物的运输路线、提高运输效率，并确保

货物在途中不受损坏。物流公司可以通过平台提供更准确的货物追踪和客户通知服务。

4. 农业

农业领域也可以受益于智慧供应链生态体系。农民可以使用物联网设备来监测土壤湿度、气温和作物生长状况。这有助于优化农业生产、节约资源，并提高农作物产量和质量。同时，数字化技术还可以用于精确农业，根据不同地块的需求进行施肥和灌溉，减少资源浪费。

五、基于数字化技术的智慧供应链生态体系的发展趋势

1. 革命性的供应链管理

数字化技术的智慧供应链生态体系将彻底改变供应链管理的方式。企业将能够更好地应对不断变化的市场需求，提高供应链的适应性和灵活性。同时，供应链参与者之间的协同作用将得到加强，从而实现更高效的供应链运作。

2. 数据驱动的决策

数字化技术提供了更多的数据和信息，使供应链决策变得更加数据驱动和智能化。通过大数据分析和人工智能技术，企业可以更好地了解市场趋势、客户需求和供应链性能，从而作出更明智的决策。

3. 新的商业模式和创新

数字化技术的智慧供应链生态体系将促使新的商业模式和创新的出现。例如，共享经济的模式可以在供应链中得到应用，多个企业可以共享资源、设备和库存，降低成本，提高资源利用率。区块链技术也将鼓励更多的信任和透明度，有助于新的供应链融资模式的出现。

4. 可持续发展和社会责任

数字化技术的智慧供应链生态体系将有助于可持续发展和社会责任的实现。通过监测和管理供应链中的环境和社会影响，企业可以采取措施来减少碳排放、以降低废弃物产生、支持可持续采购等。这将有助于企业更好地履行社会责任，提高可持续性绩效。

5.安全性和隐私保护

随着供应链数据的增加，安全性和隐私保护将变得更加重要。供应链参与者必须采取措施来保护数据免受黑客和未经授权的访问。同时，必须确保个人数据和隐私得到充分尊重和保护，以遵守相关法规和法律。平台开发商将不断加强安全性措施，包括数据加密、身份验证和访问控制等。

基于数字化技术的智慧供应链生态体系已经成为现代供应链管理的关键驱动因素。它通过数据集成、实时可见性、智能决策支持、区块链技术以及对环境可持续性和社会责任的关注，使供应链变得更加高效、适应性强、可持续和智能化。未来，数字化技术将继续推动供应链管理的革命，为企业提供更多的机会来提高竞争力、创新和实现可持续发展。然而，安全性和隐私保护问题也需要持续关注和解决，以确保供应链数据的安全性和合规性。综合来看，数字化技术的智慧供应链生态体系将继续塑造未来供应链管理的格局，为企业和供应链参与者提供更多的机会和挑战。

在数字化技术的帮助下，智慧供应链生态体系将继续推动供应链管理的创新和发展。企业需要不断适应新技术和新模式，以更好地满足市场需求和客户期望。同时，供应链参与者之间的合作和协同也将变得更加重要，以实现供应链的整体优化和增值。

总之，基于数字化技术的智慧供应链生态体系代表了未来供应链管理的方向。它将通过数字化、智能化和生态化的方式，不断提高供应链的效率、可靠性和可持续性，从而推动全球供应链的发展和演进。企业和供应链参与者应积极采用这些技术，以在竞争激烈的市场中保持竞争力，并实现可持续增长。同时，监管机构和政府也需要制定相关政策，以促进数字化技术的发展和应用，同时确保数据安全和隐私保护。综合来看，数字化技术的智慧供应链生态体系将在未来继续塑造供应链管理的未来，为全球经济和社会带来积极的变革和发展。

第十六章 人工智能在智慧供应链中的管理应用

第一节 人工智能在智能供应链中的应用

供应链是围绕核心企业，通过信息流、物流、资金流的控制，从采购原材料开始，制成中间产品以及最终产品，最后由销售网络把产品送到消费者手中的，将供应商、制造商、分销商、零售商直到最终用户连成一个整体的功能网链结构。智能供应链平台需要将产品、客户、供应商、技术、服务、订单、物料、工厂、产能、库存、仓库、门店、计划等都整合到一起，服从和服务于企业供应链大数据的逻辑要求，从而保证供应链在运营过程中能够适时抓取标准—计划—执行之间的数据差异，然后进行自我反馈、自我补偿、自我优化和自我调整，形成智慧的行动。[①]

智能供应链通过采用信息技术，实现了供应链管理效率和智能化程度的显著提升。其中，人工智能作为信息技术的核心部分，在智能供应链领域得到越来越多的应用。本节旨在分析人工智能在智能供应链中的运用情况，并讨论它如何影响供应链管理。

一、人工智能在智能供应链中的基础技术

1. 大数据分析

人工智能通过分析供应链中海量的数据，提取有价值的信息，为供应链管理提供决策支持。

2. 机器学习

通过学习和优化算法，使机器能够模拟人类的思维过程，提升供应链管理的

---

① 陆大明. 中国物流仓储装备产业发展研究报告 2016-2017[M]. 北京:机械工业出版社，2018:91-92.

智能化水平。

3. 自然语言处理

人工智能通过处理自然语言，能够实现与供应链参与者的智能对话和交互。

4. 智能感知技术

通过物联网和传感器等技术，实现对供应链环境和物流过程的实时感知和数据采集。

二、人工智能在智能供应链中的应用领域

1. 大数据分析

人工智能利用其对供应链中大量数据的分析能力，提取关键信息，为供应链管理的决策过程提供支持。

2. 机器学习

通过应用学习和优化的算法，机器能够模仿人类的思考模式，从而增强供应链管理的智能化程度。

3. 自然语言处理

人工智能通过处理和理解自然语言，实现与供应链的参与者进行智能化的对话和互动。

4. 智能感知技术

结合物联网和传感器技术，人工智能能够对供应链环境及物流过程进行实时监测和数据收集。

三、人工智能在智能供应链中的具体应用

1. 需求预测

利用人工智能的大数据分析和机器学习技术，可以有效预测市场需求的变化趋势，为供应链管理提供精准的需求预测。

2. 智能仓储管理

结合智能感知技术，实时监控仓库存储状态，并运用人工智能算法优化存储布局和货物放置策略，从而提升仓库运营效率和工作效能。

3.智能运输调度

人工智能在路径规划和调度优化方面的应用，实现运输调度的智能化，有助于降低运输成本并提升配送效率。

4.风险管理与预警

通过人工智能的风险分析和预警模型，能够及时识别和处理供应链中的风险，提高供应链的抵御风险能力。

四、人工智能在智能供应链中的挑战

虽然人工智能在智能供应链领域具备巨大潜力，但也面临以下挑战。

1.数据安全和隐私

在处理众多供应链数据时，确保数据安全和隐私的保护是一个关键挑战。

2.技术成本与人才培养

部署人工智能技术需要显著的投资，并且需要培育专业人才进行技术开发和应用。

3.供应链协作问题

智能供应链要求参与者之间紧密合作并共享数据，解决这些合作难题是一个具有挑战性的任务。

五、人工智能在智能供应链中的前景展望

随着人工智能技术的不断进化和应用领域的拓展，其在智能供应链中的应用前景变得越发广阔。在未来，人工智能可能进一步提升供应链管理的智能化程度，实现更高效、灵活和个性化的供应链。

人工智能正在改变传统的供应链管理模式，为管理者提供更有效的决策支持和优化方案。随着技术的持续发展，人工智能在智能供应链中的应用将更加广泛。我们相信，在人工智能的推动下，智能供应链将成为供应链管理的新趋势，为企业带来更多机遇与挑战。

第二节 人工智能技术在供应链物流中的应用

供应链物流是现代商业世界中至关重要的一部分，它涵盖了产品从生产到消费者手中的整个过程。随着技术的不断发展，人工智能（AI 技术）技术已经成为改善供应链物流效率、降低成本、提高可见性和卓越性的关键因素之一。本节将详细叙述人工智能技术在供应链物流中的广泛应用，包括预测需求、库存管理、运输优化、质量控制、客户服务以及可持续发展等方面。通过深入了解这些应用，可以更好地理解 AI 技术如何在现代供应链物流中发挥作用，以及它如何影响我们的日常生活和商业活动。

一、需求预测和订单管理

1. 需求预测

需求预测是供应链物流中至关重要的一环。AI 技术可以分析历史销售数据、市场趋势、季节性变化和其他相关因素，以生成准确的需求预测。这有助于企业更好地规划生产、库存和采购，以满足市场需求，同时减少库存浪费和缺货情况。

2. 订单管理

AI 技术可以自动处理订单，优化订单分配、路线规划和交付时间。它可以自动检测和纠正订单错误，提高订单处理的效率和准确性。此外，AI 技术还可以根据历史数据和实时信息，提出推荐的订单调整，以应对突发情况和需求波动。

二、库存管理

1. 库存优化

AI 技术可以帮助企业更好地管理库存，减少库存成本和风险。它可以分析库存数据，识别不良品、滞销品和过期品，并提出销售策略，以减少库存积压。AI 技术还可以通过预测需求和供应链变化，提供准确的订购建议，以确保库存水平始终保持在最佳状态。

2. 预警和报警

AI 技术可以监控库存水平和库存流动，当发现异常情况时自动发出警报。这有助于企业迅速采取行动，防止库存不足或过多的问题。AI 技术还可以识别潜在的风险，如供应链中的延迟或瓶颈，并及时通知相关部门并解决问题。

三、运输优化

1. 路线规划

AI 技术可以优化货物的运输路线，考虑到各种因素，如交通状况、天气、交货时间等。这可以降低运输成本，缩短交付时间，提高运输效率。AI 技术还可以实时调整路线，以应对意外情况，如交通阻塞或道路封闭。

2. 货车和船只调度

AI 技术可以帮助物流公司有效地分配货车和船只，以满足不同客户的需求。它可以考虑各种因素，如货物类型、货物体积、交付时间等，以确定最佳的调度计划。这有助于降低运输成本，提高资源利用率。

四、质量控制

1. 质量检测

AI 技术可以自动进行质量检测，识别产品缺陷、瑕疵和其他质量问题。它可以使用图像识别、声音分析和传感器数据等技术来检测问题，并及时通知操作员进行修复或拒绝次品。这有助于提高产品质量和减少售后服务成本。

2. 供应商质量管理

AI 技术可以监测供应商的绩效，识别供应商的问题和风险。它可以分析供应商的交货时间、质量记录和供应链透明度，以评估其表现并提供建议。这有助于企业更好地选择合适的供应商，并确保供应链的稳定性和可靠性。

五、客户服务

1. 智能客服

AI 技术可以用于客户服务领域，提供智能客服和虚拟助手。这些虚拟助手可以回答客户的常见问题、处理订单查询、提供跟踪信息，并处理退款和投诉。

这可以提高客户满意度，减少人工客服的工作负荷，并加速问题解决的速度。

2. 个性化推荐

AI 技术可以分析客户的购买历史和偏好，提供个性化的产品推荐。这有助于提高交叉销售和客户忠诚度，同时增加销售额。通过了解客户的需求，企业可以更好地满足他们的期望，提供更好的购物体验。

六、可持续发展节能和减排

AI 技术可以优化物流和运输过程，以降低能源消耗和碳排放。它可以选择更节能的运输方式、优化货物装载、使用节能设备，并提供能源管理建议。这有助于企业降低运营成本，减少对环境的不良影响，同时提高可持续发展的声誉。

1. 垃圾管理和回收

AI 技术可以用于优化废物管理和回收流程。它可以分析废物产生的模式，提供最佳的废物处理方法，并优化废物回收的流程。这有助于减少废物产生，降低废物处理成本，同时推动可持续发展目标的实现。

2. 可持续采购

AI 技术可以帮助企业选择可持续的供应商和材料。它可以分析供应链中的各个环节，评估其环境和社会影响，并提供可持续采购建议。这有助于企业实施可持续采购政策，推动供应链的可持续发展。

七、面对的挑战

1. 数据质量

AI 技术需要大量的数据来进行分析和预测，因此数据质量至关重要。不准确的数据可能导致不准确的预测和决策。

2. 隐私和安全

处理大量的供应链数据可能涉及客户信息、商业机密等敏感信息。保护数据的隐私和安全是一个重要问题。

3. 技术复杂性

实施 AI 技术需要投资大量的时间和资源，包括培训员工、开发和维护 AI 技术系统。这可能对一些企业来说是一个挑战。

4. 法规和合规性

一些国家和地区可能有严格的法规和合规性要求，对于 AI 技术的应用提出了限制和要求。

八、发展趋势

尽管存在这些挑战，但 AI 技术在供应链物流中的应用前景仍然广阔。其发展趋势包括以下四个方面。

1. 更先进的预测和优化算法

AI 技术将继续改进，提供更准确的需求预测和优化方案，以帮助企业更好地管理供应链。

2. 自动化和智能化

自动化技术将在供应链物流中得到更广泛的应用，包括自动驾驶货车、智能仓库管理系统等。

3. 区块链技术

区块链技术可以增强供应链的可见性和透明度，减少欺诈和不法行为。

4. 环境可持续性

AI 技术将继续在可持续采购、能源管理和废物管理等方面发挥作用，帮助企业实现更可持续的供应链。

AI 技术在供应链物流中的应用已经取得了显著的进展，并在提高效率、降低成本、提高质量和可持续发展等方面发挥了作用。随着 AI 技术的不断发展，它将继续为供应链物流带来更多的创新和机会。企业需要不断关注这些技术的发展，并积极采用它们，以保持竞争优势并满足不断变化的市场需求。同时，需要处理与 AI 技术应用相关的挑战，如数据质量、隐私和安全等问题，以确保 AI 技术的有效应用。总之，AI 技术将继续塑造和改变供应链物流的未来。

第三节　基于人工智能的移动互联网供应链协调方法

移动互联网技术的快速发展已经彻底改变了供应链管理的方式和范式。供应链不再是单一、线性的体系，而是一个复杂的网络，涉及多个参与方，包括供应商、制造商、分销商、零售商和最终客户。为了有效协调这些参与方，提高供应链的效率、可见性和灵活性，人工智能（AI 技术）技术被广泛应用于移动互联网供应链管理中。本节将详细叙述基于人工智能的移动互联网供应链协调方法，包括需求预测与计划、库存管理、供应商管理、运输优化和客户服务等方面。通过深入探讨这些方法，可以更好地理解 AI 技术如何改善供应链协调，从而满足当今市场的挑战和机会。

一、需求预测与计划

1. 基于 AI 技术的需求预测

需求预测是供应链协调的重要组成部分。AI 技术可以分析历史销售数据、市场趋势、季节性变化和其他因素，以生成准确的需求预测。这有助于企业更好地规划生产、库存和采购，以满足市场需求，减少库存浪费和缺货情况。

AI 技术还可以根据实时数据和外部信息进行动态调整，以应对突发需求波动和市场变化。这种智能的需求预测和计划方法可以提高供应链的灵活性和反应能力。

2. 智能库存管理

AI 技术可以优化库存管理，确保企业保持适当的库存水平。通过实时监测库存水平、订单需求和供应情况，AI 技术可以自动触发订单生成、重新补货和库存调整。这有助于减少库存积压和库存成本，提高资金利用率。

AI 技术还可以使用预测模型，帮助企业决定哪些产品应该存放在哪些位置，以最大限度地降低库存和运输成本。此外，AI 技术还可以识别滞销产品和过期产品，提供清理库存的建议。

二、供应商管理与协作

1. 供应链可见性

AI 技术可以增强供应链的可见性，使企业更好地了解其供应链中的各个环节。通过集成不同参与方的数据，并使用实时监控和分析，供应链管理者可以获得全面的供应链视图。这有助于及时发现问题，减少延误和不确定性，提高供应链的稳定性。

2. 供应商绩效管理

AI 技术可以用于监测和评估供应商的绩效。它可以分析供应商的交货时间、质量记录、价格变化和供应链透明度等指标，以评估其表现。基于这些数据，企业可以作出有关供应商选择和绩效改进的决策。

AI 技术还可以通过自动化通知和提醒，及时通知供应商有关订单状态、交付计划和质量标准的变化，从而增强供应链协作。

三、运输优化与路线规划

1.AI 技术驱动的运输管理

AI 技术可以优化货物的运输路线和模式选择。通过分析交通状况、天气状况、道路状况和货物属性，AI 技术可以为企业提供最佳的运输方案，以降低运输成本、减少运输时间和提高货物安全性。

AI 技术还可以实时监控运输过程，以应对意外情况，如交通阻塞、车辆故障或路线变化。这种实时性的运输管理有助于降低交货风险和提高客户满意度。

2. 智能货物跟踪

AI 技术可以提供实时的货物跟踪和追踪服务。通过传感器、GPS 技术和物联网连接，企业可以实时监测货物的位置、状态和环境条件。这有助于提供准确的交货时间和位置信息，提高客户满意度，同时减少货物丢失和损坏的风险。

四、面对的挑战

1. 数据整合和质量

为了实现更高水平的供应链协调，需要整合各种来源的数据，包括供应商、制造商、分销商和客户。同时，确保数据的准确性和一致性也是一个重要挑战。

2. 隐私和安全

处理大量敏感的供应链数据可能涉及隐私和安全问题。企业需要制定有效的数据安全策略，以保护客户和合作伙伴的隐私，同时防止数据泄露和恶意攻击。

3. 技术复杂性

实施 AI 技术需要投资大量的时间和资源，包括培训员工、开发和维护 AI 技术系统。这对于一些企业而言是一个挑战，需要有效的管理和资源分配。

4. 法规和合规性

一些国家和地区可能有严格的法规和合规性要求，对 AI 技术的应用提出了限制和要求。企业需要遵守相关法律法规，同时推动政府和监管机构适应新技术的发展。

5. 持续创新

AI 技术不断发展，新的算法和应用不断涌现。企业需要保持创新意识，不断更新和改进其供应链协调方法，以适应变化的市场和技术环境。

五、发展趋势

1. 自动化和智能化

AI 技术将在供应链中实现更高程度的自动化，包括自动驾驶货车、智能仓库管理系统、机器人拣选等。这将提高效率，降低成本，减少人为错误。

2. 区块链技术

区块链技术将继续在供应链中发挥作用，增强可见性和透明度，减少欺诈和不法行为。

3. 大数据分析

大数据分析将成为供应链协调的重要工具，帮助企业更好地理解市场需求、客户偏好和供应链变化。

4. 物联网连接

物联网设备的普及将提供更多的实时数据，用于监控和控制供应链活动。

5. 智能合同和智能交易

智能合同和智能交易技术将改变供应链中的合同和支付方式，提高交易的效率和安全性。

基于人工智能的移动互联网供应链协调方法已经取得了显著的进展，并在提高供应链的效率、可见性和灵活性方面发挥了作用。随着技术的不断发展，它将继续为供应链管理带来更多的创新和机会。企业需要积极采用这些方法，以应对不断变化的市场需求和竞争环境。同时，需要解决相关的挑战，如数据质量、隐私和安全等问题，以确保 AI 技术的有效应用。AI 技术将继续塑造和改变供应链协调的未来，为企业提供更多的竞争优势和发展机会。

第四节　人工智能视域下电商物流供应链降本增效路径

随着电子商务的迅速发展，物流供应链已成为企业竞争的关键。在这个背景下，人工智能技术的应用成为提升物流效率、降低成本的重要途径。人工智能可以通过数据分析、预测、自动化和智能决策等功能，助力电商物流供应链实现降本增效。

一、人工智能在电商物流供应链中的应用

1. 数据驱动的需求预测

（1）技术应用：利用机器学习和大数据分析技术，对消费者行为、市场趋势、季节性变化等多维数据进行分析，实现精准的需求预测。

（2）效益：提高库存管理效率，减少积压，降低库存成本。

2. 智能仓储管理

（1）技术应用：使用机器人、自动化仓储系统和物联网技术，实现仓库内物品的自动化拣选、搬运和存储。

（2）效益：提升仓储作业效率，减少人力成本，降低错误率。

3. 路线优化与车辆调度

（1）技术应用：采用人工智能算法，如遗传算法、模拟退火算法等，进行最优配送路线规划和车辆调度。

（2）效益：减少运输成本，缩短配送时间，以提高客户满意度。

4. 智能客户服务

（1）技术应用：通过聊天机器人、语音识别技术等提供 24 小时客户服务，处理如订单查询、退换货等问题。

（2）效益：提升客户服务效率，降低人力成本，增强客户体验。

5. 实时监控与风险管理

（1）技术应用：使用物联网技术监控货物状态，结合大数据分析预测供应链中的潜在风险。

（2）效益：提高货物安全性，及时响应供应链中断，减少损失。

二、降本增效的策略

1. 整合供应链数据

（1）措施：建立统一的数据平台，整合供应链上、下游的数据，包括供应商、物流、客户反馈等。

（2）目的：通过数据共享，提高供应链透明度，优化决策过程。

2. 增强预测精准度

（1）措施：运用高级机器学习模型对销售数据、市场趋势进行分析，预测未来需求。

（2）目的：减少库存积压，降低库存成本，提高响应市场变化的能力。

3. 自动化与机器人技术

（1）措施：在仓库管理、配送过程中引入自动化设备和机器人。

（2）目的：减少人为错误，提高作业效率，降低长期的人力成本。

4. 动态路线规划

（1）措施：利用实时交通数据，动态调整配送路线和时间。

（2）目的：减少运输成本和时间，提升配送效率。

5. 弹性供应链管理

（1）措施：建立弹性供应链体系，以应对市场和环境的不确定性。

（2）目的：在面临突发事件时，能迅速调整供应链策略，减少损失。

三、面对的挑战与应对策略

1. 数据安全与隐私

（1）挑战：随着数据量的增加，数据安全和隐私保护成为重要问题。

（2）应对：加强数据安全管理，采用加密技术，确保数据隐私。

2. 技术融合与升级

（1）挑战：保持技术更新，与最新的 AI 技术和市场趋势保持同步。

（2）应对：持续投资研发、合作与交流、引进先进技术。

3. 人才培养与管理

（1）挑战：AI 技术的应用需要相关技能的人才。

（2）应对：加强人才培养和培训，吸引和保留高技能人才。

　　人工智能在电商物流供应链中的应用，为企业提供了降本增效的强大工具。通过数据分析、自动化、智能决策等技术，企业可以优化供应链管理、提高效率、降低成本。同时，需要关注数据安全、技术更新和人才培养等挑战，以实现可持续发展。随着技术的不断进步，AI 技术将在未来的电商物流供应链中扮演更加重要的角色。

第五节　基于人工智能的供应链优化采购系统

　　随着人工智能（AI 技术）技术的不断发展，其在供应链管理领域的应用越来越广泛。基于 AI 技术的供应链优化采购系统能够通过智能分析、预测和自动化决策，大幅提升采购效率，降低成本，增强企业的市场竞争力。

一、人工智能技术在采购系统中的应用

1. 数据分析与预测

（1）技术应用：利用机器学习和大数据分析技术，对历史采购数据、市场趋势和供应商性能进行深入分析。

（2）效益：实现准确的需求预测，优化库存管理，减少库存成本。

2. 自动化的供应商评估

（1）技术应用：通过自然语言处理（NLP）和机器学习评估供应商的信誉、交货能力和质量控制。

（2）效益：提高供应商选择的准确性和效率，降低风险。

3. 智能合同管理

（1）技术应用：使用区块链技术自动执行和管理合同，保证交易的透明性和安全性。

（2）效益：减少合同管理的人力成本，提高合同执行的准确性。

4. 动态定价与议价

（1）技术应用：利用预测分析和机器学习对价格波动进行预测，自动进行价格谈判。

（2）效益：获取更优的采购价格，提高采购成本效益。

5. 需求驱动的采购

（1）技术应用：结合实时市场数据和销售预测，动态调整采购计划。

（2）效益：更快速地响应市场变化，降低过剩或缺货的风险。

二、优化采购系统的关键要素

1. 数据集成与管理

（1）要素：建立统一的数据平台，集成内部和外部数据源。

（2）目的：确保数据的准确性和一致性，为 AI 技术分析提供可靠基础。

2. 供应商关系管理

（1）要素：建立和维护良好的供应商关系。

（2）目的：保证供应链的稳定性和供应商的合作意愿。

3. 采购流程自动化

（1）要素：实现采购流程的自动化，包括订单处理、审批和支付等。

（2）目的：提高采购流程的效率和准确性，减少人为错误。

4. 风险管理与合规性

（1）要素：评估和管理供应链风险，确保合规性。

（2）目的：减少供应链中断的风险，遵守相关法规和标准。

5. 持续的技术创新

（1）要素：持续投资于 AI 技术和相关技术的研发和应用。

（2）目的：保持技术领先，应对市场和技术的快速变化。

三、面对的挑战与应对策略

1. 技术集成与兼容性

（1）挑战：将 AI 技术与现有的 ERP 系统和供应链管理工具集成。

（2）应对：选择灵活兼容的 AI 技术解决方案，强化技术集成能力。

2. 数据安全与隐私

（1）挑战：保护采购数据的安全和隐私。

（2）应对：实施强大的数据安全措施，遵守数据保护法规。

3. 人才培养与管理

（1）挑战：培养具备 AI 技术知识的采购和供应链管理人才。

（2）应对：投资于员工培训，吸引和留住有技术背景的人才。

4. 变革管理

（1）挑战：管理技术和流程变革带来的组织影响。

（2）应对：实施有效的变革管理策略，确保组织和员工的顺利过渡。

四、实施策略与最佳实践

1. 精细化的需求分析

（1）策略：使用 AI 技术进行细致的市场和消费者需求分析，预测未来趋势。

（2）实践：定期更新和调整预测模型，确保其反映最新的市场动态。

2. 动态库存管理

（1）策略：结合 AI 技术预测和实时数据分析，实现动态库存管理。

（2）实践：设置自动库存调整机制，及时响应市场和供应变化。

3. 优化供应链网络

（1）策略：利用 AI 技术分析确定最优的供应链网络配置。

（2）实践：定期评估供应链网络性能，根据分析结果进行调整。

4. 可持续采购实践

（1）策略：通过 AI 技术优化采购决策，支持环境可持续性和社会责任。

（2）实践：评估供应商的环境和社会影响，优先选择符合可持续标准的供应商。

5. 技术与业务协同

（1）策略：确保技术团队与业务部门之间的紧密协作。

（2）实践：建立跨部门协作机制，共享信息和反馈，促进共同目标的实现。

五、未来展望

1. 人工智能的持续进化

（1）展望：随着 AI 技术的进步，采购系统将变得更加智能化和自动化。

（2）影响：能够更精确地预测市场变化，进一步提高供应链的效率和灵活性。

2. 整合新兴技术

（1）展望：除了 AI 技术，其他技术如物联网（IoT）、区块链也将与采购系统整合。

（2）影响：提供更全面的数据视角，增强供应链的透明度和安全性。

3. 全球供应链的挑战

（1）展望：全球化带来的复杂性将继续是供应链管理的主要挑战。

（2）影响：需要更强大的 AI 技术系统来应对跨国采购和供应链管理的复杂性。

4. 定制化和个性化

（1）展望：市场对个性化和定制化产品的需求增长。

（2）影响：推动采购系统更加灵活，能够适应多样化和个性化的生产需求。

5. 伦理和合规性

（1）展望：伦理和合规性将成为 AI 技术应用的重要考虑。

（2）影响：采购系统需要确保数据处理和 AI 技术应用符合伦理标准和法规

要求。

　　基于人工智能的供应链优化采购系统正成为现代企业不可或缺的工具。通过综合运用 AI 技术，企业可以有效应对市场变化，提高运营效率，降低成本，并加强供应链的可持续性。面对未来的挑战和机遇，企业需要不断探索和实践，将 AI 技术深度融入供应链管理的各个方面，以实现更加智能、高效和可持续的供应链体系。随着技术的不断发展和应用的不断拓展，基于 AI 技术的供应链优化采购系统将持续演进，为企业带来更多的创新可能和竞争优势。

第六节　基于人工智能识别智慧供应链在小微企业融资场景的应用

　　基于人工智能识别智慧供应链在小微企业融资场景中的应用是一个新兴领域，具有广泛的实践意义和商业价值。

　　随着人工智能技术的发展，智慧供应链成为提高小微企业融资效率和降低风险的重要工具。基于人工智能的供应链管理不仅优化了物流和生产流程，还为小微企业提供了更加便捷和安全的融资途径。

一、智慧供应链的内涵

1. 定义与特点

　　（1）定义：智慧供应链是指运用人工智能技术对供应链活动进行数据分析、预测和优化的一种管理方式。

　　（2）特点：自动化、智能化、数据驱动、高效率。

2. 技术支撑

　　（1）人工智能：包括机器学习、深度学习、自然语言处理等。

　　（2）物联网（IoT）：用于实时数据采集和监控。

　　（3）区块链：提供透明、安全的数据记录和共享机制。

二、小微企业融资的挑战

1. 融资难

（1）问题描述：小微企业因规模小、抵押物不足等原因，面临融资难题。

（2）影响：限制了企业的发展和市场竞争能力。

2. 信息不对称

（1）问题描述：小微企业往往缺乏透明的财务报告和信用记录。

（2）影响：银行和投资者难以准确评估其信用风险。

三、智慧供应链在小微企业融资中的应用

1. 信用评估

（1）应用：使用人工智能对企业的供应链数据进行深度分析，评估企业的经营状况和信用风险。

（2）效益：帮助金融机构更准确地判断小微企业的融资资质。

2. 贷款审批流程优化

（1）应用：运用人工智能算法自动化处理贷款申请，快速完成审批流程。

（2）效益：提高贷款审批的效率和准确性，减少人工成本。

3. 风险监控

（1）应用：实时监控供应链活动，预测潜在风险。

（2）效益：及时发现并预防信用风险，降低不良贷款率。

4. 供应链金融服务

（1）应用：结合供应链数据，提供定制化的金融产品和服务。

（2）效益：满足小微企业多样化的融资需求，提高资金使用效率。

5. 交易透明化

（1）应用：使用区块链技术记录供应链交易，保证数据的不可篡改性和透明性。

（2）效益：增强金融机构对小微企业交易的信任，降低交易成本。

四、实施策略与挑战

1. 数据集成与共享

（1）策略：整合来自不同环节的供应链数据，建立统一的数据平台。

（2）挑战：数据隐私保护、数据来源的多样性和准确性。

2. 技术融合

（1）策略：将人工智能、物联网、区块链等技术融合应用于供应链管理。

（2）挑战：技术兼容性、更新速度和维护成本。

3. 法规合规性

（1）策略：确保智慧供应链的运营符合相关法律法规。

（2）挑战：应对不断变化的法规环境，保证数据处理的合法性。

4. 人才培养与教育

（1）策略：培养具备人工智能和供应链管理专业知识的人才。

（2）挑战：专业人才稀缺、培养成本高。

五、案例分析

1. 某小微企业的成功案例

（1）背景：介绍一家成功运用智慧供应链进行融资的小微企业。

（2）过程：描述企业如何利用智慧供应链进行信用评估、获得贷款。

（3）结果：分析其融资成功的关键因素和实现的效益。

"智链通"的案例分析

在数字化转型的浪潮下，智慧供应链作为一种创新的供应链管理模式，不仅提高了供应链的效率和透明度，还为小微企业开辟了新的融资渠道。以下将详细介绍一家通过智慧供应链成功获得融资的小微企业案例——"智链通"，探讨其过程、关键成功因素及实现的效益。

一、背景："智链通"的融资挑战与智慧供应链的机遇

小微企业在传统融资体系中面临重大挑战，常常因为缺乏足够的抵押物、信

用记录不完善或者融资成本过高而难以获得银行贷款。在这种背景下，一家名为"智链通"的小微企业通过运用智慧供应链技术，成功地解决了融资难题。

二、过程：智慧供应链的运用与融资实践

（一）构建智慧供应链平台

智链通首先与一家专业的 IT 解决方案提供商合作，构建了一个基于云计算和大数据技术的智慧供应链管理平台。该平台能够实时监控供应链中的货物流动、库存水平、订单执行情况等关键数据，提高了供应链的可视性和透明度。

（二）信用评估机制的建立

依托于智慧供应链平台，智链通开发了一套信用评估机制。该机制通过分析企业在供应链中的表现、交易记录、支付习惯等数据，自动生成企业的信用评分。这一评分为银行和其他金融机构提供了一个更加全面和客观的信用评估依据。

（三）与金融机构合作

智链通主动与多家金融机构建立合作关系，将其智慧供应链平台中的数据共享给这些机构。金融机构利用这些数据对智链通进行信用评估，迅速完成了贷款审批过程。

（四）获得供应链融资

基于智慧供应链平台提供的透明度和可靠的信用评估，智链通成功获得了一笔供应链融资。这笔资金帮助企业优化了现金流，扩大了生产规模，提高了市场竞争力。

三、结果：融资成功的关键因素和实现的效益

（一）关键成功因素

1.技术创新：智链通通过构建智慧供应链平台，运用最新的云计算和大数据技术，提高了供应链的效率和透明度，这是其成功获得融资的关键。

2.数据驱动的信用评估：企业通过智慧供应链平台积累的大量数据，为金融机构提供了一个更加准确和全面的信用评估依据，降低了融资风险。

3.积极的合作态度：智链通积极与金融机构沟通合作，主动共享数据，建立了良好的合作关系，这为快速完成融资审批提供了保障。

（二）实现的效益

1.融资效率的提升：通过智慧供应链技术和信用评估机制，智链通大大缩短了融资审批的时间，提高了融资效率。

2.经营状况的改善：融资成功后，智链通得以优化现金流管理，扩大生产规模，提升了市场竞争力和盈利能力。

3.促进了产业链的健康发展：智链通的案例为同行业的小微企业提供了宝贵的经验，展示了如何通过智慧供应链技术解决融资难题，促进了整个产业链的健康发展。

通过智慧供应链技术的应用，智链通不仅成功解决了融资难题，还提升了自身的市场竞争力和盈利能力，为其他小微企业提供了一个值得借鉴的成功案例。这一实践证明，技术创新和数据驱动的信用评估是小微企业成功获得融资的关键因素，而积极主动的合作态度则是实现这一目标的重要保障。

（二）银行的实践案例

1.背景：阐述一家银行如何利用智慧供应链为小微企业提供融资服务。

2.过程：说明银行是如何整合技术、优化流程、管理风险。

3.结果：展示银行获得的收益和对小微企业融资效率的提升。

银行实践案例：智慧供应链在小微企业融资服务中的应用

一、背景

在面对小微企业融资难的问题时，某银行通过引入智慧供应链管理系统来提供更加高效和低成本的融资服务。该银行认识到，传统的融资服务流程存在效率低下和风险管理不足的问题，特别是在处理小微企业贷款时。这些企业通常缺乏足够的抵押物和信用记录，使得银行难以评估贷款风险。为解决这一问题，该银行利用智慧供应链技术，通过数字化的方式改造和升级了其融资服务体系。

二、过程

（一）技术整合

银行首先整合了区块链、大数据分析、云计算等先进技术，建立了一个智慧供应链平台。该平台能够实时追踪供应链中的货物流转情况，收集和分析交易数据，为小微企业提供基于交易记录的信用评估。

（二）流程优化

通过智慧供应链平台，银行优化了融资申请流程。小微企业可以直接通过平台提交融资申请，并上传相关的交易证明和财务报表。平台利用大数据技术对这些信息进行分析，快速完成信用评估和风险定价。这一流程大大缩短了贷款审批时间，提高了工作效率。

（三）风险管理

在风险管理方面，银行通过智慧供应链平台实现了对供应链全过程的实时监控，能够及时发现潜在的风险点。同时，利用区块链技术保证了数据的不可篡改性，增强了交易的透明度，降低了欺诈风险。此外，银行还采用了动态信用评分模型，根据小微企业的实际交易情况动态调整信用评分，更精准地管理贷款风险。

三、结果

（一）银行收益

引入智慧供应链之后，银行的小微企业融资业务量显著增加，贷款审批效率提高了 50% 以上，贷款违约率下降了 30%。这不仅提高了银行的盈利能力，也增强了其市场竞争力。

（二）对小微企业的影响

对于小微企业而言，其能够更快地获得所需的融资支持，且融资成本有所降低。智慧供应链平台的引入，使得这些企业能够通过自身的交易历史来证明其信用价值，解决了以往因缺乏抵押物或信用记录而无法获得贷款的问题。此外，这些企业通过参与智慧供应链还能够提高自身的管理水平和运营效率，促进了业务的健康发展。

该银行通过智慧供应链技术的引入，不仅提升了小微企业融资服务的效率和安全性，也为银行自身带来了可观的经济效益。这一实践案例证明了金融科技在解决传统金融问题中的巨大潜力，展示了银行业务创新和技术应用的新方向。通过持续的技术创新和业务模式优化，银行能够更好地服务于小微企业，支持实体经济的发展。

在现实中，许多银行和金融机构正在朝这个方向努力，通过技术创新来提升服务质量，降低运营成本，提高风险管理能力，从而在激烈的市场竞争中脱颖而出。

六、未来趋势与发展方向

（一）人工智能的进一步深化

1. 趋势：随着 AI 技术的不断进步，其在供应链管理和融资决策中的应用将更加广泛和深入。

2. 影响：提高信用评估的准确性，进一步降低融资风险。

（二）供应链金融产品的创新

1. 趋势：基于智慧供应链的数据分析，金融机构能够开发更多创新的金融产品。

2. 影响：满足小微企业更多元化的融资需求，提高资金的使用效率和灵活性。

（三）跨界合作

1. 趋势：金融机构、科技公司和供应链服务提供商之间的合作将更加紧密。

2. 影响：推动技术和业务模式的创新，为小微企业提供更全面的服务。

（四）法规和标准的发展

1. 趋势：随着智慧供应链技术的发展，相关法规和行业标准将不断完善。

2. 影响：确保技术应用的合法性和安全性，保护企业和消费者的权益。

（五）全球化视野

1. 趋势：全球化背景下，智慧供应链将在更广泛的地域和市场中得到应用。

2. 影响：帮助小微企业拓展国际市场，应对全球化带来的挑战和机遇。

基于人工智能识别的智慧供应链在小微企业融资领域的应用，不仅能够提高融资效率和准确性，还能大幅降低融资成本和风险。通过深入整合人工智能、物联网、区块链等技术，智慧供应链为小微企业提供了一种全新的、高效的融资途径。同时，这一领域的发展还推动了金融产品和服务的创新，为小微企业的成长和发展提供了强大的支持。

未来，随着技术的不断进步和市场的不断发展，智慧供应链在小微企业融资领域的应用将更加广泛和深入。金融机构、科技公司和供应链服务提供商需要紧密合作，共同推动这一领域的技术创新和业务模式创新。此外，法规和标准的完善也将为智慧供应链的健康发展提供重要保障。总之，基于人工智能的智慧供应链将在未来继续为小微企业融资领域带来更多的机遇和挑战，成为推动经济增长和创新的重要力量。

第十七章　绿色供应链合作

绿色供应链合作是一种注重环境保护和可持续发展的供应链管理策略。它涉及供应链各环节的企业与组织在采购、生产、分销、回收等环节中采取措施，以减少对环境的影响。具体包括以下七个方面。

一、绿色采购

绿色采购是一种采购实践，旨在减少环境影响、降低资源消耗、促进可持续发展和社会责任的实现。它强调在采购过程中考虑环境和社会因素，以便选择对环境友好、资源有效利用、社会公平的产品和服务。绿色采购的目标是通过购买决策来推动可持续发展和减少生态足迹。

1. 环境友好性

绿色采购强调选择对环境友好的产品和服务，这些产品在其生产、使用和处置过程中对环境的影响较小。这包括减少温室气体排放、资源有效利用、减少污染等方面的考虑。

2. 资源节约

绿色采购也注重资源的有效利用。这意味着选择那些在生产和使用中消耗较少能源、水资源、原材料等的产品，以减少资源浪费。

3. 社会责任

除了环境方面，绿色采购还强调社会责任。这包括确保供应商和制造商遵守劳工法规、关注劳工权益、提供安全和健康的工作条件等。

4. 生命周期考虑

绿色采购通常关注产品或服务的整个生命周期，而不仅仅是购买成本。这包括考虑产品的生产、运输、使用和处置阶段，以确定其整体环境和社会影响。

5. 认证和标识

一些绿色采购计划和标准提供认证和标识，以帮助采购者识别符合绿色和可持续标准的产品和供应商。这有助于提高透明度和可信度。

6. 政策支持

一些政府和组织通过制定政策和法规来支持绿色采购。这些政策可能要求政府机构、企业或组织在采购过程中优先考虑环境和社会因素。

绿色采购的好处包括减少环境污染、资源保护、降低运营成本、提高品牌声誉、促进创新和支持可持续发展。因此，越来越多的企业和组织正在采取绿色采购实践，以在商业活动中积极推动环境和社会责任。这也有助于塑造一个更可持续和可负担得起的未来。

二、绿色生产

绿色生产是一种生产方式，旨在最大限度地减少对环境的负面影响，同时确保资源的有效利用、降低废弃物产生，并支持可持续发展。这种生产方式强调环境友好、资源节约、低碳排放和社会责任，以满足消费者和社会对可持续性的日益增长的需求。以下是绿色生产的一些关键方面。

1. 资源效率

绿色生产着重于资源的高效利用。这包括减少原材料的浪费、提高生产过程的能源效率，以及最大限度地延长产品的使用寿命。

2. 减少废物产生和排放

绿色生产旨在减少废物的产生，并降低有害物质的排放。这包括采取措施来最小化生产过程中的废料，以及使用更清洁和环保的生产技术。

3. 可再生资源

为了减少对有限资源的依赖，绿色生产鼓励使用可再生资源，如可再生能源、再生原材料等，以取代不可再生资源。

4. 产品设计

产品设计在绿色生产中起着作用。采用可重复使用的材料、设计更易于回收和再利用的产品以及延长产品寿命的设计都是绿色生产的一部分。

5. 供应链管理

绿色生产考虑整个供应链，从原材料采购到产品分销。它鼓励合作伙伴采用相同的环保和可持续实践。

6. 环境认证

一些绿色生产计划和标准提供环境认证，以证明产品或生产过程符合绿色和可持续标准。

7. 社会责任

绿色生产也关注社会责任，包括确保劳工权益、提供安全和健康的工作条件、支持社区发展等。

绿色生产的好处包括减少环境污染、资源保护、降低成本、提高品牌声誉、满足法规要求、促进创新和支持可持续发展。这种生产方式对于推动环保和可持续性非常重要，因为它有助于减少生产过程对大气、水资源和土壤的污染，同时减少了对有限资源的过度开采。

许多公司和组织已经采用绿色生产实践，以减少其环境足迹，同时满足越来越多的环保法规和消费者的可持续性期望。这有助于构建更可持续的未来，减少对地球的压力，保护生态系统的健康，促进社会和经济的发展。

三、绿色物流

绿色物流是一种注重减少对环境的不良影响、提高资源效率和促进可持续性的物流实践。它强调在货物运输、仓储、配送和供应链管理等方面采取环保和可持续的方法，以降低碳排放、资源浪费和污染，同时提高运输效率和节省成本。以下是绿色物流的一些关键方面。

1. 运输方式选择

绿色物流鼓励选择环保的运输方式，如铁路、水路和海运，以减少道路运输的碳排放。它还推动采用更节能和低排放的交通工具，如电动车辆、混合动力车辆和燃气车辆。

2. 路线优化

通过使用先进的路线规划和智能物流系统，绿色物流有助于最优化货物运输路线，以减少里程、节省燃料和降低碳足迹。

3. 物流合并

将多个货物运输订单合并为一次配送，减少空驶和运输不必要的空间，降低资源浪费。

4. 包装优化

优化产品包装可以减少材料浪费和运输空间占用，减少包装废物和减少运输成本。

5. 使用可再生能源

在物流中使用可再生能源，如太阳能或风能，以减少运输的碳排放。

6. 供应链可视性

通过实时监测和数据分析，绿色物流提供供应链可视性，以便更好地计划和协调物流活动，降低运输不必要的时间和资源。

7. 回收和再利用

绿色物流鼓励回收和再利用包装材料和运输容器，以减少废物产生。

8. 培训和教育

对物流从业人员进行培训和教育，以提高他们的环保意识，推广绿色物流实践。

绿色物流的好处包括降低碳排放、减少能源消耗、降低成本、提高运输效率、满足环保法规要求、提高品牌声誉和支持可持续发展。它有助于减少物流活动对气候变化的负面影响，保护环境，降低能源消耗，减少对有限资源的依赖。

越来越多的企业和组织已经采用绿色物流实践，以满足消费者和社会对可持续性的需求，同时降低运营成本。这种方法有助于实现经济和环境的双赢，推动物流行业朝着更可持续的未来发展。

四、绿色包装

绿色包装是一种环保和可持续的包装方式，旨在最小化对环境的不利影响，减少资源消耗、废弃物产生和污染，以支持可持续发展和生态平衡。绿色包装的设计和材料选择注重降低碳足迹、能源效率、资源保护和循环经济原则。以下是绿色包装的一些关键方面。

1. 材料选择

绿色包装通常采用环保材料，如可降解材料、可回收材料和生物可降解塑料等。这有助于减少塑料垃圾对环境的影响。

2. 减少包装

绿色包装鼓励最小化包装，避免过度包装。这包括选择合适大小的包装盒、减少包装层次和使用更薄的包装材料。

3. 包装设计

包装设计可以使包装易于拆解和回收，以便将材料重新利用。这包括易于分解的设计和使用清晰的标签来指导回收。

4. 可回收性

绿色包装材料通常是可回收的，这意味着它们可以重新加工和再制造，减少新材料的需求。

5. 生产效率

绿色包装注重生产过程的效率，以减少能源和资源的浪费。这可以通过采用高效的生产技术和减少废弃品的产生来实现。

6. 碳排放

绿色包装考虑减少运输中的碳排放，选择轻量化材料和优化包装设计，以降低包装的重量和体积。

7. 社会责任

绿色包装还关注社会责任，包括确保供应链中的劳工权益和支持可持续的生产方式。

8. 循环经济

绿色包装支持循环经济原则，鼓励将包装材料重新投入生产循环中，减少废弃物和资源浪费。

绿色包装的好处包括减少废弃物和污染、节约资源、降低成本、提高品牌声誉、满足环保法规要求和支持可持续发展。它有助于减少塑料污染、减少有害化学物质的使用、节约能源和资源，并促进循环经济的发展。

越来越多的企业和品牌已经采用绿色包装策略，以满足消费者和社会对环保和可持续性的需求。这有助于降低对环境的负面影响，支持可持续发展，推动包装行业朝着更加环保和可持续的未来发展。

五、产品回收与循环利用

产品回收与循环利用是一种可持续发展的理念和实践，旨在最大限度地减少资源浪费、降低环境影响，并延长产品的使用寿命。这一概念强调将废弃产品或材料回收并重新利用，以创造经济和环境的双赢局面。产品回收与循环利用是循环经济的重要组成部分，鼓励将产品和材料重新注入生产循环中，减少对新原材料的需求。以下是产品回收与循环利用的一些关键方面。

1. 回收和分拣

回收过程涉及将废弃产品或材料从废物流中分离出来，通常包括对废物的收集、分拣、处理和运输。

2. 再制造

在一些情况下，废弃产品可以被重新制造、修复或翻新，以使其再次可用。这有助于延长产品的使用寿命，减少废弃物产生。

3. 回收材料

废弃产品或材料中的部分或全部材料可以被回收并用于生产新产品。例如，废旧玻璃、金属和塑料可以被回收重新用于制造新的玻璃容器、金属制品和塑料制品。

4. 循环供应链

产品回收与循环利用涉及建立循环供应链，将回收材料重新注入生产过程。这需要与供应链伙伴合作，确保回收材料的质量和可用性。

5. 设计和包装

产品设计和包装在产品回收与循环利用中起着重要作用。可回收和易于分解的材料以及设计以便分拣和回收的产品都有助于实现循环经济目标。

6. 节约资源

通过回收和循环利用，可以减少对有限资源的依赖，降低新原材料的需求，有助于资源保护和减少资源浪费。

7. 减少废物和污染

产品回收与循环利用有助于减少废物产生和环境污染，减少废弃物填埋和焚烧的需求。

8. 经济和社会效益

产品回收与循环利用可以创造就业机会、促进经济增长，同时降低企业的运营成本。

产品回收与循环利用的好处包括降低环境影响、资源保护、减少废弃物、降低成本、提高资源效率、促进创新和支持可持续发展。它有助于降低对有限资源的依赖，减少环境污染，延长产品寿命，并减少对新原材料的需求。

越来越多的企业、政府和消费者已经认识到产品回收与循环利用的重要性，采取措施来促进可持续的生产和消费方式。这有助于实现资源的可持续利用，减轻环境压力，促进社会和经济的可持续发展。

六、合作与合规

与供应链各方合作，共同遵守环保法规和标准。这可能包括建立共同的环保目标、分享最佳实践，以及监督和评估供应链合作伙伴的环保表现。

七、环保意识与教育

环保意识与教育是一种理念和教育体系，旨在提高人们对环境保护和可持续发展的认识，并鼓励他们采取行动来减少对环境的不利影响。这包括鼓励人们采取可持续的生活方式、支持环保政策和实践、参与环境保护活动，以及更好地理解生态系统和自然资源的重要性。以下是环保意识与教育的一些关键方面。

1. 教育和宣传

环保意识与教育通过各种教育和宣传活动，向人们传递环保信息和知识，以便他们了解环境问题和解决方法。这包括学校、社区、媒体和在线资源中的环保教育。

2. 提高意识

教育帮助人们认识到他们的行为如何影响环境，包括能源消耗、废物产生、碳排放等。通过了解这些影响，人们可以更好地理解为什么环境保护至关重要。

3. 可持续生活方式

环保意识与教育鼓励人们采取可持续的生活方式，包括节水、节能、减少垃圾产生、鼓励公共交通、支持可再生能源等。

4. 政策和法规

通过教育，人们可以更好地了解和支持环保政策和法规，推动政府和企业采取更环保的实践。

5. 参与社区活动

环保教育也鼓励人们积极参与社区环保活动，如清洁活动、树木种植、环境保护组织等，以促进环保和社会责任。

6. 生态系统和自然资源

教育有助于人们更好地理解生态系统的复杂性和自然资源的重要性。这种理解有助于人们更好地管理和保护环境。

7. 可持续发展

环保教育还与可持续发展目标紧密相关，强调在满足当前需求的同时，不损害子孙后代的能力，满足其需求。

8. 科学研究

环保教育还可以激发兴趣，鼓励人们参与环境科学研究，以更好地理解环境问题和找到解决方案。

环保意识与教育的重要性在于它可以激发行动，帮助个人和社会采取更环保和可持续的实践。它有助于改变人们的价值观和行为，推动全球环境问题的解决，减少资源浪费，降低碳排放，保护生态系统，支持可持续发展。因此，环保意识与教育是实现全球环保和可持续性目标的关键组成部分。

综上所述，绿色供应链合作旨在通过合作和共同努力，实现供应链的环境可持续性，同时能带来经济效益和社会责任的提升。

第十八章　绿色供应链管理在数字化智能制造中的影响和作用

绿色供应链管理（GSCM）是一种以环境可持续性为导向的供应链管理方法，旨在降低企业的环境影响、减少资源浪费，以及满足不断增长的环保法规和消费者需求。随着数字化智能制造技术的不断发展，GSCM 在现代供应链中的作用和影响变得尤为重要。本章将详细探讨绿色供应链管理在数字化智能制造中的影响和作用，以及相关的重要概念和实施方法。

一、绿色供应链管理和数字化智能制造

1. 绿色供应链管理

绿色供应链管理是一种从供应链角度考虑环境、社会和经济可持续性的方法。它旨在通过减少能源消耗、减少废弃物产生、降低温室气体排放以及采用环保材料等方式降低企业的环境足迹。绿色供应链管理的核心目标包括降低成本、提高效率、提升企业声誉，同时保护环境和社会责任。

2. 数字化智能制造

数字化智能制造是现代制造业中的一项关键趋势，它利用数字技术、互联网、物联网（IoT）、大数据分析和人工智能等技术来实现制造过程的自动化、智能化和高度可配置性。数字化智能制造旨在提高生产效率、降低成本、提升产品质量，并支持定制化生产。

二、绿色供应链管理在数字化智能制造中的影响

1. 环境可持续性

数字化智能制造可以帮助企业实现更高的环境可持续性。通过监测和优化生产过程，企业可以减少资源浪费、能源消耗和排放物，从而降低其环境足迹。数

字化技术还可以帮助企业更好地管理废弃物和回收利用资源，推动循环经济模式的发展。

2. 资源优化

数字化智能制造使企业能够更好地管理和优化资源利用。通过实时监测生产设备的状态和性能，企业可以减少不必要的停机时间，提高设备的利用率，降低能源消耗和维护成本。此外，通过供应链数字化，企业可以更好地规划原材料采购和库存管理，减少资源浪费。

3. 高效生产

数字化智能制造可以实现生产过程的高度自动化和优化，提高生产效率。通过实时数据分析和预测性维护，企业可以更好地管理生产计划、库存和交付时间，降低生产周期，满足客户需求，并减少生产过程中的浪费。这有助于提高供应链的整体效率。

4. 智能供应链可见性

数字化智能制造提供了更高水平的供应链可见性。企业可以通过传感器、物联网和大数据分析实时监测物流、库存和订单状态。这有助于减少库存积压、减少订单延迟，提高交付准确性。同时，可见性还有助于更好地识别供应链中的潜在问题，提前采取措施应对风险。

5. 绿色供应链合规

数字化智能制造有助于企业更好地遵守绿色供应链管理相关的法规和标准。通过实时数据收集和监控，企业可以追踪和记录环保措施的执行情况，确保产品和过程的合规性。这有助于降低法律和环境风险，保护企业的声誉。

三、绿色供应链管理在数字化智能制造中的作用

1. 环境可持续性改进

绿色供应链管理在数字化智能制造中的作用之一是推动环境可持续性的改进。数字化技术可以监测和优化供应链中的各个环节，包括原材料采购、生产、运输和包装。通过实时数据分析，企业可以识别并减少环境影响，降低碳排放、水和能源消耗，减少废弃物产生。

2. 资源效率提升

数字化智能制造还可以提高资源效率。通过智能化的生产设备和供应链管理系统，企业可以更有效地利用原材料和能源。例如，智能制造系统可以优化生产过程，减少废料产生，节省原材料成本。此外，供应链数字化可以改善库存管理，减少过量采购和废弃。

3. 产品质量和创新

数字化智能制造有助于提高产品质量和创新。通过数字化技术，企业可以实施高度自动化的质量控制和监测系统，确保产品的一致性和质量符合标准。这有助于降低不良品率，减少资源浪费，提高客户满意度。此外，数字化智能制造还促进了产品创新，通过数字化设计和制造技术，企业可以更快速地开发新产品，满足市场需求。

4. 满足客户需求

数字化智能制造使企业能够更好地满足客户需求。通过供应链数字化，企业可以实时跟踪订单状态，提前发现潜在问题，确保及时交付。客户可以获得更准确的交付时间和实时的订单跟踪信息，提高了客户满意度。此外，数字化制造还支持定制化生产，满足不同客户的个性化需求。

5. 可持续供应链合作伙伴

数字化智能制造也推动了可持续供应链合作伙伴关系的发展。企业可以与供应链中的合作伙伴共享数据和信息，以实现更高的供应链可见性和协同作业。这有助于更好地管理供应链风险，提高整体效率，并共同推动环保和社会责任倡议。

6. 风险管理和合规性

数字化智能制造在风险管理和合规性方面也发挥了作用。通过实时数据监测，企业可以更早地识别供应链中的潜在问题，采取措施减轻风险。此外，数字化系统可以记录环保措施的执行情况，确保企业遵守环保法规和标准，降低法律和声誉风险。

四、数字化智能制造中实施绿色供应链管理的方法

1.数据分析和大数据

数据分析和大数据技术是实施绿色供应链管理的关键方法之一。企业可以收集大量的生产和供应链数据，包括能源消耗、废物产生、运输成本等。通过分析这些数据，企业可以识别潜在的环境问题，并制定改进措施。大数据还支持实时监测和预测性维护，提高资源利用效率。

2.物联网（IoT）

物联网技术是数字化智能制造的核心组成部分，也是绿色供应链管理的有力工具。通过物联网传感器，企业可以实时监测设备和生产过程的状态，收集环境数据，以及追踪产品在供应链中的位置。这有助于降低能源和资源浪费，提高供应链可见性。

3.人工智能（AI技术）和机器学习

人工智能和机器学习技术可以用于预测性维护、质量控制和生产计划优化。通过AI技术算法，企业可以实现更精确的生产计划，减少过剩生产和库存积压。此外，AI技术还可以用于优化供应链路线，减少运输成本和碳排放。

4.数字化制造工具

数字化制造工具包括计算机辅助设计（CAD）、计算机辅助制造（CAM）、三维打印和自动化机器人等。这些工具可以帮助企业实现高度自动化的生产过程，减少资源浪费，提高生产效率，并支持定制化生产。

5.供应链可见性平台

供应链可见性平台是数字化智能制造中的重要组成部分。这些平台提供实时数据和信息共享，支持供应链中不同环节的协同作业。企业可以与供应链合作伙伴共享关键信息，提高可见性和协同效率。

绿色供应链管理在数字化智能制造中发挥着关键的作用和影响。通过推动环境可持续性改进、资源效率提升、产品质量和创新、客户需求满足、可持续供应链合作伙伴关系的发展，以及风险管理和合规性的提高，绿色供应链管理有助于企业实现更高的环保和社会责任目标，提高竞争力。

实施绿色供应链管理需要借助数据分析、大数据、物联网、人工智能、数字

化制造工具和供应链可见性平台等关键方法。企业需要不断创新和改进供应链管理实践，以适应不断变化的市场和环境要求。

　　总之，数字化智能制造和绿色供应链管理是企业在当今竞争激烈的市场中取得成功的关键因素。通过将这两个领域融合在一起，企业可以实现可持续发展、降低成本、提高效率，同时保护环境和社会责任，赢得客户信任和市场份额。

第十九章　数字化智能制造对绿色供应链的未来影响

数字化智能制造是当今制造业中的一项关键技术趋势，它不仅正在改变制造过程本身，还对整个供应链产生了深远的影响。随着数字化智能制造技术的不断发展，其对绿色供应链的未来影响将变得越来越显著。本章将详细叙述数字化智能制造对绿色供应链的未来影响，以及如何实现可持续性发展的目标。

一、数字化智能制造的发展趋势和优势

1. 数字化智能制造的定义

数字化智能制造是一种利用数字技术、互联网、物联网、大数据分析和人工智能等先进技术来实现制造过程的自动化、智能化和高度可配置性的制造方法。它包括了数字化设计、数字化制造、数字化管理和数字化服务等方面的技术和应用。

2. 数字化智能制造的发展趋势

在数字化智能制造领域，有一些关键趋势对未来产生了深刻的影响，这些趋势包括：

（1）物联网的应用：物联网技术的广泛应用使制造设备和产品能够相互连接，并实现实时数据的采集和共享。这为制造过程的监控和优化提供了更多的机会。

（2）大数据分析：大数据分析技术可以处理和分析大规模的数据，从中提取有用的信息和见解。在数字化智能制造中，大数据分析有助于预测性维护、生产过程的优化和供应链管理。

（3）人工智能和机器学习：人工智能和机器学习技术可以实现自动化的决策和学习，从而提高生产效率、质量控制和供应链规划。

（4）3D打印和增材制造：3D打印和增材制造技术使产品的定制化和个性化生产变得更加容易。这有助于减少资源浪费和库存积压。

3.数字化智能制造的优势

（1）生产效率提高：数字化智能制造通过自动化和智能化的制造过程，提高了生产效率。生产设备可以更高效地运行，减少停机时间，并实现更快速的交付。

（2）质量控制改进：数字化智能制造通过实时监控和反馈，提高了产品质量控制。不仅可以检测并纠正生产中的问题，还可以预测性地避免质量问题的发生。

（3）库存优化：数字化智能制造支持按需生产和库存优化。企业可以减少库存水平，降低库存成本，并避免过剩生产。

（4）环保效益：数字化智能制造可以减少资源浪费和能源消耗，降低碳排放，从而对环境产生积极影响。

二、数字化智能制造对绿色供应链的影响

1.绿色供应链的定义

绿色供应链首次于1996年由美国密歇根州立大学制造研究协会提出。该理论以绿色供应链管理技术和绿色制造理论为基础，旨在从物料获取到产品

包装、加工成型的整个生产和运输过程中，使产品生产对环境消耗的副作用最小化、物料资源利用效率最大化。绿色供应链义称坏境管理供应链(Environmentally Supply Chain，ESC) 或环境意识供应链。[①]

绿色供应链是一种以环境可持续性为导向的供应链管理方法，旨在降低企业的环境影响、减少资源浪费，以及满足不断增长的环保法规和消费者需求。它包括了从供应链角度考虑环保问题，采取相应措施以减少环境足迹的策略和实践。

2.数字化智能制造对绿色供应链的未来影响

数字化智能制造将对绿色供应链产生深远的影响，以下是其未来影响的重要方面：

（1）资源优化：数字化智能制造通过实时监测和优化生产过程，使企业更好地管理和优化资源利用。这包括原材料、能源、水资源等。企业可以更有效地

---

① 顾蔚.中研绿色金融研究文库 绿色金融百科知识 [M].北京:中国经济出版社,2023:49.

使用资源，降低资源浪费，减少成本，从而对绿色供应链产生积极影响。

（2）减少废物和污染：数字化智能制造有助于减少废物产生和污染物排放。通过实时监测和控制生产过程，企业可以降低废料率，减少不良品的产生，并更好地处理废物。这有助于企业满足环保法规，降低环境风险，并提高环境声誉。

（3）循环经济支持：数字化智能制造有助于支持循环经济模式的发展。企业可以更好地追踪和管理产品的生命周期，包括设计、制造、使用和回收。通过数字化技术，产品的回收和再利用变得更加有效和可行。这有助于减少资源消耗，延长产品寿命，促进可持续的生产和消费模式。

（4）供应链可见性和透明度：数字化智能制造提供了更高水平的供应链可见性和透明度。企业可以通过物联网传感器、大数据分析和实时监控来追踪原材料的来源、生产过程、运输路径等。这使得企业能够更好地了解供应链中的环境和社会问题，识别供应商的可持续性绩效，从而更好地管理风险并选择合规的供应商。

（5）质量控制和改进：数字化智能制造通过实时监测和数据分析，提高了产品质量控制。这不仅有助于降低产品缺陷率，还可以减少废品和重新制造的需求。这对于减少资源浪费和降低环境影响非常重要。

（6）客户定制和需求满足：数字化智能制造支持客户定制和个性化生产。企业可以根据客户的具体需求进行生产，减少不必要的库存和资源消耗。这有助于提高客户满意度，同时减少过剩生产对环境的不利影响。

（7）可持续供应链合作伙伴关系：数字化智能制造促进了可持续供应链合作伙伴关系的发展。通过共享数据和信息，企业可以更好地与供应链合作伙伴合作，共同解决环境和社会问题。这种合作有助于推动整个供应链的可持续性。

（8）环保法规和标准合规性：数字化智能制造有助于企业更好地遵守环保法规和标准。通过数据收集和记录，企业可以证明其环保措施的执行情况，确保产品和过程的合规性。这降低了法律风险，维护企业的声誉，并鼓励更多的企业采取可持续的做法。

三、实现数字化智能制造和绿色供应链的整合

要实现数字化智能制造和绿色供应链的有效整合，企业需要采取以下一系列关键步骤和策略。

1. 制定可持续发展策略

企业需要制定明确的可持续发展策略，将绿色供应链管理纳入其战略规划中。这包括设定环保和社会责任目标，明确可持续发展的愿景，并制订相应的计划和指标。

2. 投资数字化技术

企业需要积极投资数字化技术，包括物联网、大数据分析、人工智能和自动化设备等。这些技术是实现数字化智能制造的关键，也是支持绿色供应链的重要工具。

3. 数据共享和合作

企业应与供应链合作伙伴共享数据和信息，建立更紧密的合作关系。这有助于提高供应链的可见性和透明度，共同解决环境和社会问题。

4. 整合供应链管理系统

企业可以考虑整合数字化智能制造和绿色供应链管理的系统和平台。这样可以实现更高水平的协同作业和数据共享，支持可持续的供应链管理。

5. 培训和教育

企业需要为员工提供培训和教育，以提高其对数字化智能制造和绿色供应链管理的理解和技能。员工的参与和支持对于成功实施这些策略至关重要。

6. 定期监测和评估

企业应定期监测和评估其可持续发展和供应链管理的绩效。这包括跟踪环境和社会指标，以确保达到设定的目标，并及时调整战略和计划。

数字化智能制造将对绿色供应链产生深远的影响，有助于实现可持续性发展的目标。通过资源优化、减少废物和污染、支持循环经济、提高供应链可见性、改进质量控制和满足客户需求，数字化智能制造将为绿色供应链管理带来多重益处。

为了实现数字化智能制造和绿色供应链的有效整合，企业需要制定明确的可持续发展策略，积极投资数字化技术，与供应链合作伙伴建立紧密的合作关系，整合供应链管理系统，为员工提供培训和教育，以及定期监测和评估绩效。

综上所述，数字化智能制造和绿色供应链管理的融合将成为未来制造业的发展趋势。这一趋势不仅有助于企业降低成本、提高效率，还能够减少环境影响、满足社会责任，并提高竞争力。数字化智能制造和绿色供应链管理的结合为企业提供了机会，能够在全球范围内实现可持续性的目标。

随着技术的不断进步和市场的发展，数字化智能制造和绿色供应链管理将继续演化和深化，为企业带来更多的机会和挑战。企业需要不断创新和改进自己的策略，以适应不断变化的环境和市场需求。

最终，数字化智能制造和绿色供应链管理的未来影响是积极的，有助于实现可持续性的目标，保护环境，提高社会责任，同时为企业创造更多的价值。只有通过紧密融合数字技术和绿色供应链原则，企业才能在未来的竞争中保持竞争力，并为可持续的未来作出贡献。

第四部分　案例研究与实证分析

案例研究一：数字化智能制造中的绿色供应链管理实践

一、背景

一家国际汽车制造公司，为了应对日益严格的环保法规和不断增长的环保意识，决定实施数字化智能制造，并将绿色供应链管理融入其制造过程。其目标是降低碳排放、减少资源浪费、提高产品质量，同时提高供应链的可持续性。

二、实践步骤

1. 数字化生产线和监测系统

该公司投资了新的数字化生产线，配备了大量传感器，可以实时监测生产过程中的各个环节。这些传感器收集数据，包括能源消耗、废物产生、生产效率等。这些数据被传输到一个集中的数据库中，供生产团队和供应链管理团队使用。

2. 数据分析和优化

利用大数据分析技术，公司开始分析收集到的数据，以识别潜在的环境和资源浪费问题。该公司发现了一些生产过程中的低效率点，并制定了优化策略。例如，该公司减少了某些设备的闲置时间，提高了能源利用率。

3. 可持续供应链合作伙伴

公司积极与供应链合作伙伴合作，共同推动可持续性目标。公司与供应商签署了一项绿色供应链倡议，要求供应商采取环保措施，并提供相应的培训和支持。此外，公司与运输公司合作，采用更环保的运输方式，减少碳排放。

4. 产品设计和材料选择

该公司还重新审视了产品设计和材料选择，以减少对有害物质的使用，并提高产品的可回收性。他们采用了更加环保的材料，设计更容易拆卸和回收的零部件，以减少废物产生。

5. 供应链可见性和跟踪

公司实施了供应链可见性平台，可以跟踪原材料的来源和供应链中的物流过程。这使得他们能够更好地了解产品的生命周期，包括原材料采购、生产、运输和回收。

6. 员工培训和参与

公司重视员工的培训和参与，鼓励员工提出环保和可持续性改进的建议。该公司还设立了绿色团队，由员工组成，负责监督和推动可持续性倡议的实施。

三、结果和影响

通过上述实践，该公司取得了显著的成果和影响。

1. 碳排放降低

由于优化生产过程和运输方式，公司的碳排放量显著减少，符合环保法规，并提升了企业的社会责任形象。

2. 资源效率提高

资源浪费减少，生产效率提高，降低了生产成本，提高了利润率。

3. 产品质量改善

通过数字化监测和质量控制，产品质量得到了改善，客户满意度提高。

4. 可持续供应链

公司与供应链合作伙伴建立了更紧密的合作关系，共同推动可持续性目标，形成了可持续供应链。

5. 员工参与

员工积极参与绿色倡议，提出改进建议，增强了员工的环保意识。

这个案例研究展示了数字化智能制造如何与绿色供应链管理相结合，以实现环保、经济和社会可持续性的目标。通过投资技术、数据分析、供应链合作和员工参与，这家汽车制造公司成功地将数字化智能制造与绿色供应链管理相融合，实现了双赢的局面。

案例研究二：绿色供应链数字化智能化的效果评估

一、背景

一家跨国电子消费品制造公司一直致力于改善其供应链的环保性能，同时提高生产效率和降低成本。为了实现这一目标，该公司采取了数字化智能制造和绿色供应链管理的整合策略，并在一段时间内进行了实施。本案例将详细叙述该公司如何评估这一整合策略的效果。

二、实践步骤

1. 数字化智能制造的实施

公司首先投资了数字化智能制造技术，包括物联网传感器、大数据分析和自动化生产线。这些技术使该公司能够监测生产过程中的各个环节，实现生产的自动化和智能化。

2. 供应链数字化智能化

公司也对其供应链进行了数字化智能化的升级，还引入了供应链管理系统，该系统能够实时追踪原材料的来源、产品的生产状态和物流过程。此外，物联网传感器被安装在产品包装上，以追踪产品在运输过程中的状态和位置。

3. 数据收集和分析

公司开始收集大量的数据，包括生产效率、能源消耗、废物产生、产品质量等。这些数据被整合到一个中央数据库中，供供应链管理团队和生产团队使用。数据分析工具被用来挖掘数据，以识别潜在的环境问题和优化机会。

4. 绿色供应链倡议

公司与供应链合作伙伴合作，共同制定了一项绿色供应链倡议。供应商被鼓励采取环保措施，如减少包装材料的使用、优化运输路线以减少碳排放等。公司与运输公司签署了一项可持续运输协议，以确保运输过程的环保性。

5. 员工培训和参与

公司为员工提供了培训，使他们了解数字化智能制造和绿色供应链管理的重要性。员工被鼓励提出改进建议，参与环保和可持续性倡议。

三、效果评估

公司进行了以下一系列效果评估来确定数字化智能制造和绿色供应链整合策略的影响。

1. 能源效率提升

通过数字化智能制造技术的实施，公司降低了生产线的能源消耗。他们通过数据分析发现并解决了一些能源浪费问题，减少了能源成本。

2. 减少废物产生

数字化监测和质量控制帮助公司减少了产品废弃率，降低了废物处理成本。产品质量得到改善，不良品率下降。

3. 碳排放降低

公司与供应链合作伙伴合作，通过优化运输路线和减少包装材料的使用等措施，成功降低了碳排放。

4. 供应链可见性和透明度

供应链数字化智能化提高了供应链的可见性和透明度，有助于更好地管理供应链风险和优化物流。

5. 员工参与和环保意识

员工参与度提高，员工提出了许多环保改进建议，并积极参与公司的可持续性倡议。

通过数字化智能制造和绿色供应链整合策略的实施，该公司取得了多方面的效果和影响。不仅提高了生产效率、降低了能源消耗和碳排放，还减少了废物产生、提高了产品质量、提升了供应链可见性和透明度。同时，员工参与度增加，员工的环保意识得到提高。

这个案例研究展示了数字化智能制造与绿色供应链管理的整合如何能够在多

个方面取得积极的效果，同时实现环保和经济可持续性的双赢局面。这种整合策略为公司提供了更高的竞争力，同时为环境和社会责任作出了贡献。

参考文献

[1] 杨建军，郭楠，韦莎 . 国之重器出版工程物联网与智能制造 [M]. 北京：电子工业出版社，2021.

[2] 国家智能制造标准化总体组 . 智能制造基础共性标准研究成果 [M]. 北京：电子工业出版社，2020.

[3] 朱明皓，钟发平，匡德志 . 汽车动力电池智能制造工厂建设框架与实践 [M]. 北京：电子工业出版社，2020.

[4]《智能制造探索与实践》编写组 . 智能制造探索与实践 [M]. 北京：电子工业出版社，2020.

[5] 国家智能制造标准化总体组 . 智能制造行业应用标准研究成果 [M]. 北京：电子工业出版社，2020.

[6] 朱文海，施国强，林廷宇 . 从计算机集成制造到智能制造：循序渐进与突变 [M]. 北京：电子工业出版社，2020.

[7] 张伯旭 . 智能制造：助推高精尖产业发展 [M]. 北京：机械工业出版社，2018.

[8]《中国智能制造绿皮书》编委会 . 中国智能制造绿皮书 [M]. 北京：电子工业出版社，2017.

[9] 张小强 . 工业 4.0 智能制造与企业精细化生产运营 [M]. 北京：人民邮电出版社，2017.

[10] 陈明，梁乃明 . 智能制造之路 [M]. 北京：机械工业出版社，2016.

[11] 辛国斌，田世宏，张相木，等 . 智能制造标准案例集 [M]. 北京：电子工业出版社，2016.

[12] 卢慧玲，张家敏 . 创新供应链管理 [M]. 北京：中国人民大学出版社，

2021.

[13] 李志国，李慧杰，蒋莉 . 博弈论与供应链管理 [M]. 重庆：重庆大学出版社，2021.

[14] 朱庆华 . 绿色供应链治理与价值创造 [M]. 北京：机械工业出版社，2021.

[15] 宋华 . 数字供应链 [M]. 北京：中国人民大学出版社，2022.

[16] 赵先德，唐方方 . 区块链赋能供应链 [M]. 北京：中国人民大学出版社，2022.

[17] 柳荣 . 采购与供应链管理 [M]. 北京：人民邮电出版社，2018.

[18] 黎新伍，叶晗堃 . 跨境电子商务运营与管理 [M]. 南京：南京大学出版社，2021.

[19] 沈孟如，王书成，王喜富 . 物联网与供应链 [M]. 北京：电子工业出版社，2022.

[20] 李向红 . 区块链驱动跨境电商供应链协同共生管理创新 [J]. 江苏商论，2024（2）：55-58.

[21] 乔鹏程，金铭泉 . 区块链赋能西藏农业粮食供应链优化研究 [J]. 农业与技术，2024（1）：146-152.

[22] 朱盼盼，张予倩，康豫，等 . 基于区块链的农产品供应链溯源管理研究 [J]. 农村·农业·农民（A 版），2024（1）：25-27.

[23] 宋华 . 人工智能数智供应链的理论探索与展望 [J]. 中国流通经济，2024（1）：44-54.

[24] 生成式人工智能在供应链采购中的应用畅想 [J]. 数字经济，2023（12）：62-64.

后　记

　　《基于数字化智能制造绿色供应链管理研究》一书旨在探讨在数字化、智能化背景下，如何实现绿色供应链管理，以提高企业效益、降低环境负担。随着科技进步和产业变革，智能制造已成为现代供应链管理的重要发展方向，为企业提供了一种全新的生产方式和思维模式。与此同时，绿色供应链管理也逐渐成为企业关注焦点，旨在实现经济发展与环境保护的双重目标。

　　本书首先分析了数字化、智能化技术在供应链管理中的应用现状，以及绿色供应链管理的发展趋势。书中指出，数字化智能制造可以提高供应链的运行效率，降低成本，同时为实现绿色生产提供技术支持。随后，本书从生产源头、生产过程、生产末端等方面详细阐述了数字化绿色供应链的构建方法，并结合实际案例进行了分析。

　　在此基础上，本书探讨了绿色供应链管理对企业竞争力、经济效益和环境保护的影响。通过理论分析与实证研究，证明了绿色供应链管理对企业可持续发展具有重要意义。同时，本书还提出了基于数字化智能制造的绿色供应链管理策略，包括生产过程的优化、能源利用效率的提升、废弃物减排等。

　　本书在撰写过程中，笔者参阅了大量国内外研究成果和实践案例，力求为企业在数字化智能制造绿色供应链管理方面提供有益借鉴。由于笔者水平有限，书中难免存在不足之处，恳请读者批评指正。

　　未来，随着数字化、智能化技术的不断发展，绿色供应链管理将越来越受到企业重视。我们期待更多学者和企业家关注绿色供应链管理领域，共同为推动企业可持续发展、实现经济社会与环境和谐共生作出贡献。

　　最后，感谢各位专家、企业家、教育学者、同行和朋友的关心与支持。希望本书能为绿色供应链管理的研究和实践带来启示和借鉴，为推动我国智能制造绿色供应链发展贡献力量。